박경화의 색채에세이 그리고 아모르파티

박경화 지음

교음사

서문

두 권의 색채 관련 책과 수필집 한 권을 내고 나서 요하네스 이텐의 *The ART of Color*를 텍스트로 하는 색채 이야기를 쓸 생각이었다.

2020년 3월부터 12월까지 월간 『수필문학』에 열 달 동안 연재한 「색채에세이」를 포함하는 수필집을 내기로 하면서, 계획했던 이텐의 색채이론을 중심으로 그 이후에 나온 색채 학자들의 이론을 소개하는 작업을 미루었다.

원래 내가 계획했던 책은 색채 학자들의 이론을 소개하고 그 색채이론의 근거를 일일이 밝히는 전문서적이었으나 이번 책은 수필 형식으로 쓰는 글이라 꼭 알려주고 싶은 내용도 본문 안에서 설명하는 방식으로 작업하려고 했다. 어떤 식으로건 늘 색깔 이야기가 나오는 내 글에 근거가 필요한 경우나 설명이 끼어들어 내 수다가 산으로 갈 것 같을 때는 주를 달았다. 건강이 더 나빠지기 전에 내가 색채들과 보낸 오랜 세월에 대한 보상이랄지 그런 범주의 글들을 모아볼 생각이었다. 다만 시간이 좀 당겨지긴 했다.

내가 글을 쓰게 된 이유였던 엄마와 막냇동생에 대한 그리움으로 보낸 십여 년, 분노와 슬픔으로만 기억하던 사랑하는 두 사람을 이제는 다른 모습으로 기억하고 싶다.

늘 우울했던 엄마, 공부하는 아빠 그리고 가장 가까운 거리에서 아들이 있는 공간에 보호막을 쳐 접근을 막던 두 분 노인들 밑에서, 외롭게 자라 어려운 길을 가고 있는 딸에 대한 미안함이 또 하나의 내 글쓰기의 이유였다고 할 수 있을 것 같다.

책의 반이 색채 이야기여서 지난번 『다른 과거를 위하여』처럼 울면서 쓴 글이 많지 않을 줄 알았다. 그러나 원고를 넘기기 전에 다시 읽은 내 글의 반은 여전히 힘들었던 시간들에 대한 눈물반 자기연민으로 가득했다. 그럼에도 불구하고 살면서 그 아픔들을 상쇄할 정도의 행복도 있었으니 내 오늘이 그리 나쁘지 않은 것일 터, 견딜 만한 사소한 병과 상관없이 편안한 지금의 삶에 감사한다.

「색채에세이」 연재를 하면서 오랜만에 다시, 어쩌면 마지막으로 오래 모아둔 색채 관련 전문서적들을 거의 다 읽었다. 정보가 너무 많아 내용이 친절하지 못했다는 가까운 비평가들의 지적은 인정한다. 천천히 색채 관련 이야기들을 풀어 놓을 만큼 남은 시간이 많지 않다는 생각으로 마음이 급했던 것 같다.

책이 태어날 수 있게 도와주신 강병욱 대표님, 류진 편집국장님, 이민호 선생님, 작가로서의 오늘이 있게 해주신 오경자 교수님께 감사드린다. 한국출판문화산업진흥원의 출판콘테츠 창작지원 사업에 선정된 후 축하의 댓글을 달아주신 많은 문우님들께도 진심으로 감사드린다. 아름다운 표지를 만들어

주신 정디자인 정병규 대표님께도 특별한 감사를 드린다.

「색채에세이」를 연재할 수 있는 기회를 주신 수필문학사와 연재하는 동안 격려해 주시고 응원해 주신 독자들께도 심심한 감사를 드린다. 그리고 아침에 일어나면 내 손가락 관절을 확인하는 일로 하루를 시작하는 고마운 가족 김인환, 김서영 두 교수에게 감사한다. 사랑하는 부모님께 이 책을 바친다.

2021년 가을. 저자 박경화

박경화의 색채에세이 그리고 아모르파티

1부 색채에세이

2부 아모르파티(Amor Fati)

1

색채에세이

깊고 푸른

지난가을, 동료작가들과 작품을 나눈 후 늦은 점심을 먹고 나서, 아침에 집을 나설 때 생각했던 대로 교정에 단풍이 얼마나 들었는지 보려고 학교 속으로 들어갔다. 내 걸음으로 한 시간이 좀 덜 걸리는 집까지 걸어서 가려고 개운산 길로 해서 사범대학 '운초우선교육관'을 지나 경영관 쪽으로 천천히 비탈길을 올라갔다. 그곳은 오래전 내가 경영학과 학생들에게 비즈니스 영어를 가르치던 곳이다. 색채 공부를 하고 와서는 첨단 시설이 갖추어진 강의실에서 최고 경영자 과정 수강생들과 배우자들에게 'how to dress'와 '퍼스널 컬러' 특강을 했던 곳이기도 하다. 경영관 옆 좁은 길을 지나다 사대 쪽에서 건너오던 구름다리가 생각나서 위를 보니 구름다리는 시간이 많이 지났는데도 예전 모습 그대로 걸려 있었다. 경영관 앞마당으로 나오는데 오른쪽 언덕에 늘어진 나뭇가지들이 단풍이 들기 시작하는 이파리들로 가을이 반은 와 있음을 알려주는 것 같았다.

가로세로 10cm 정도의 납작한 정사각형 화강암이 경영관 앞마당에 사이를 조금씩 띄우면서 질서정연하게 깔려 있는 사이로 작은 풀들이 자라 묘한 균형을 이루고 있어 예뻤다. 그런데 문득, 어느 날 여학생들이 굽이 높은 구두를 신고 오면 이 길을 어떻게 다니나 하는 생각이 들었다. 하긴 내가 대학생일 때는 데모에 참가하는 여학생 몇 명 정도가 신던 운동화를 요즘은 많은 여학생들이 신고 다녀서 구두 굽이 낄지 모를 화강암 사이 틈은 별문제가 되지 않을 수도 있겠다 싶긴 했다.

'가을 캠퍼스'를 좀 걸어볼 요량으로 운동화를 신고 오길 잘했다고 생각하며 경영관을 지나 길을 건너려다 경영관 앞에서 본관이 보이던 트인 공간에 들어선 '백주년 기념 삼성관'과 마주쳤다. 올려다본 거대한 화강암 건물 한가운데, 뾰족한 꼭대기 바로 아래 짙은 남색의 직사각형 창 두 개가 나란히 나 있는 모습이 단아했다. 건물의 웅장함과 대비되는 그 남색의 창이 너무 예뻐 한참 동안 쳐다보다가 나도 모르게 탄성을 질렀다. 내 앞에 마주치는 건물 한 면을 훑어보다가 그 건물의 모든 직사각형 창이 다 남색인 걸 깨달았기 때문이었다.

시간이 얼마나 지난 후에 내가 그 남색이 어디서 왔는지를 알게 되었는지는 중요하지 않다. 차들이 정문에서 들어오다 지하주차장으로 들어가도록 되어 있어 건물 사이의 큰길에 차가 없긴 했다. 그래도 공사차도 들어오고 오토바이도 가끔 다니는 길을 건너다 말고 길 한 가운데 멈춰 서서 남색의 창을 보느라 한참씩이나 고개를 들고 있었던 건 지금 생각하면 좀 바보 같다. 그러다 끝없이 파란 하늘이 눈에 들어왔다. 구름 한 점 없이 파란 가을 하늘이 건물의 유리창 속으로 빨려 들어가 한계의 끝까지 낮아진 채도와 명도로 깊고 푸른 바다가 되어 화강암 건물 속을 가득 채우고 있는 것만 같았다.

그 깊은 남색이 유리창에 비친 하늘임을 깨닫는 순간 나는 갑자기 건물 속에 바다로 변한 하늘이 가득 들어있는 것 같아 가슴이 울렁거렸다. 머릿속에 남색이 가득한 탓에 '백주년 기념관' 앞을 지나 본관 주차장으로 내려가는 계단 앞까지 가서야 오늘 주차장에 내 차가 없다는 생각이 났다.

정문에서 학교 밖으로 나가지 않고, 새로 지은 'SK 미래관'을 지나 교양학부와 극장이 있는 미디어 관 옆으로 해서 천천히 걸어 고대병원 올라가는 개운사 사거리로 나와 집으로 왔다. 가슴속에는 직사각형의 창으로 들어간 가을 하늘이 깊고 푸른 바다가 되어 화강암의 거대한 탑을 가득 채우고 있었다.

뉴턴은 적외선과 자외선 사이 무지개색을 빨, 주, 노, 초, 파, 남, 보로 나누었다. 빨강(RED)과 노랑(YELLOW) 사이에 주황(ORANGE)을, 파랑(BLUE)과 보라(VIOLET) 사이에 남색(INDIGO)을 넣어 구분한 건 음악의 일곱 음계와 맞추기 위해서였다고 한다. 나는 '한없이 투명에 가까운 블루'[1)]는 좋아하지 않는다. 내가 가장 좋아하는 블루는 검정으로 가기 전, 그러나 푸른색이 여전히 선명한 가장 짙은 푸른색, 남색이다.

오래전, 색채 공부를 시작했을 때 행복했던 기억이 나서 오랜만에 괴테 『색채론』을 꺼냈다. 블루를 찾다가 갑자기 그 남색이 창문에 칠을 한 건 아니었나 하는 생각이 들었다. 그러나 빛이 들어오라고 만든 창문에 짙은 남색을 칠했을까 싶기도 했다. 그렇다고 그다음 주에 한 번 더 경영관 쪽으로 걸어가서 백주년 기념관을 올려다볼 생각은 없었다. 그 남색의 유리창이 오후 햇살이 유리에 비친 하늘을 반사하면서 만든 조화였다 해도 깊고 푸른 남빛의 창을 만나 잠시 행복했으면 그것으로 되지 않았나 싶어서다. 그 아름다운 창이 설령 어떤 음모를 꾸미는 집단이 학생들을 화강암의 성에 가두고 밖을 볼 수 없게 하려고 일부러 남색을 칠한 창이라 해도 말이다.

미국의 색채연구소 PANTONE은 '클래식 블루'를 2020년

---

1) 무라카미 류의 소설 제목. 1972년 아쿠타가와상과 군상신인문학상을 동시에 수상했다

올해의 색으로 발표했다. 푸른색은 그 속에 하늘과 바다를 함축하고 있다. 많은 색채론에 블루는 고요함(calm)과 평온함(tranquillity)을 준다고 나와 있다. 색채학자들이 정신적인 색, 명상의 색이라고 하는 이 색은 저혈압이나 불면증에도 도움이 된다고 해서 침실의 색으로 추천하는 사람도 있지만 짙은 블루, 남색을 우울함, 외로움을 느끼게 하는 색이라고 하는 이론가들도 있다.

괴테는 그의 『색채론』 781에서 '호감이 가는 존재가 멀어질 때 우리가 기꺼이 좇아가는 것처럼 블루를 그렇게 생각하고 싶어 한다'고 비유한다. 블루가 가진 실제 거리보다 멀어 보이는 속성 때문이었을 것이다. 그것이 우리 쪽으로 다가와서가 아니라 우리를 그쪽으로 끌어당기기 때문이다. 괴테가 말하는, 멀어지면서 끌어당기는 그 대상은 무엇이었을까? 궁금하다. 사람이었을까? 여자였을까?

끌어당기면서 멀어지는 존재, 우리도 어느 아득한 젊은 날에 그런 푸른 존재 하나씩 가지고 있지 않았나?

추신: 정장 색으로서 푸른색은 진할수록 파워가 실린다. 오래전 〈동아일보〉에 「색깔이야기」를 연재할 때, 어느 정치가가 당대표로 취임하던 날, 회색 양복을 입고 나왔었다. 메이저 정당의 당대표가 취임식에 옅은 회색 양복을 입고 나와서 연설하는 모습을 보고 나는 "우리는 정치가가 그것도 대통령 후보

가 될 분이 친근하고 아무렇지도 않은 이웃집 아저씨이길 바라지 않는다."고 했다. "정당의 리더에게 국민이 바라는 이미지는 '리더십', '파워', '신뢰' 같은 것"이라 써 보냈더니 내 칼럼을 담당하던 젊은 기자는 한 주일 정도 미루던 내 글을 뒤늦게 실으면서 내게 '기자직을 걸고 실었다'고 했던 것 같다.

그날 취임식에서 그분의 의상을 고른 사람이 누가 됐든 세상 남자가 다 아는 네이비 슈트의 파워를 몰랐던 모양이었다. 그런 일은 취향보다는 과학을 믿는 것이 맞다. 더구나 회색은 검정에 가까운 짙은 회색이 아니면 여름에도 정장으로 입지 않는다. 보이지 않기 때문이다. 그분은 대통령이 되지 못했다.

2020년 2월

인생은, 여러 색깔의 유리로 된 천장과 같아서[2)]

오래전 내가 공부했던 색채 분석에 대한 재교육을 받으러 런던에 다시 갔다. 처음 갔을 때처럼 세미나를 하는 호텔에 묵지 않고 따로 호텔을 잡았다. 오랜만에 친구네서도 잠시 지내고 우리 식구가 살던 케임브리지에도 가 볼 생각이었다.

색채분석 교육을 받을 때, 가깝게 지냈던 친구 쥴리(Julie)가 나를 자기 집으로 초대했었다. 교육생이 모두 일곱이었는데, 그중에 나와 '케미스트리가 괜찮다'고 하던 멤버가 쥴리였다. 그 친구가 이틀 정도 룸메이트가 집을 비운다며 자기 집에서 하루 같이 지낼 수 있냐고 했었다.

---

2) 영국 시인 퍼시 비시 셸리Percy Bysshe Shelly(1792-1822)의 *Adonais: An Elegy on the Death of John Keats* 끝부분
(Life, like a dome of many coloured glass,)

자기소개서 맨 위 결혼 항목에 그리스에서 온 우리 중 가장 어린 대학생 친구가 'unmarried', 세 사람이 'divorced', 그리고 'divorced and remarried'가 한 사람, '이혼, 재혼, 다시 이혼, 그리고 결혼'이라 적은 사람이 한 사람 있었다. 'married'가 나 하나여서 장난으로 'married'라 하지 않고 'still married'라 적었는데, 쥴리가 내가 적은 '아직 결혼 중'에 대해 할 말이 있었던 것 같았다. 그녀는 디자이너이면서 별자리 운세를 상담해주는 에스트롤로지 전문가였다.

쥴리는 세미나를 하는 런던의 호텔에서 서쪽으로 한 시간 정도 걸리는 리치몬드에 살았다. 세미나가 진행되는 동안 그녀 말고는 스코틀랜드에서 온 가장 연장자이던 교사와 스위스에서 온 영국 출신의 회계사, 회계사의 영국 친구 회계사, 그리스의 대학생, 핀란드의 여행사 사장, 한국의 대학 강사인 나, 그렇게 우리 여섯이 다 그 호텔에 묵고 있었다. 그곳은 부근 서점의 지역 관광 가이드북에 몇 층 몇 호에 귀신이 나온다는 소개가 나올 정도로 상당히 고풍스런 호텔이었다. 아침, 점심은 호텔에서 먹었지만, 저녁에는 여섯이 쥴리가 합류하는 날은 일곱이 같이 호텔에서 가까운 와인 바에서 커다란 솥째 서빙하는 삶은 홍합을 가운데 놓고 와인을 마셨다. 와인의 유황 성분 때문에 숨이 차는 나를 위해, 동료들이 가끔 화이트 와인에 물을 타서 주기도 했다. 홍합 껍질이 테이블에 가득 쌓일 때쯤 우리는 내일의 하드 트레이닝을 위해 자러 들어갔다.

세미나가 끝나기 며칠 전, 쥴리네 집에 갔다. 가는 길에 차 안에서 나는 강 안개 너머 내 눈에 익숙한 붉은색의 저녁노을과 조우했다. 보들레르는 백오십 년도 더 전에 붉은색이 포함하는 스무 가지나 되는 붉은 색조들에 대해 말한 바 있다. 그날 마주친 그 노을의 붉은색은 주례 집 이층 내 방에서 해질녘에 문을 열면 마주치던 낙동강 위 그 노을의 붉은색과 같은 느낌이었다. 그 시절, 발코니 난간에 기대서서 보던 강 위로 스러져가는 저녁노을은 내게 슬픔이면서 위로였다. 멀어서 안개 속 같았던 그 붉은색 노을을 잊은 지 오랜 세월이 지난 후였다. 무심한 듯, 그녀가 차 안에서 내게 물었다. "How's your sex life?"

에스트롤로지 상담을 하는 그녀는 요가도 상당히 높은 수준인 것 같았다. 그녀는 다시 한번, 'Still married'라는 내 결혼 항목을 보고 별자리를 봐주고 싶었다고 말했다. 그녀가 그려준 별자리 그림 몇 장을 어딘가 둔 것 같은데, 오래 잊고 있어서인지 그때는 이해했던 그 그림들로 무슨 말을 했는지 잘 생각나지 않는다. 다만 남편과 나의 별자리 그림을 자를 대고 이리저리 연결하고 나서, 친구는 나의 '아직 결혼 중'이 '헛소리'임을 증명한다면서 내게 말했다. "친구가 이혼

하는 거 봤니?"

말을 좀 돌리던 그녀는 에스트롤로지 별점 상으로 본 우리 부부의 운명을 '우정(friendly affection)'을 토대로 한 견고한 관계라 정의했다. 어떤 면에서 '가장 이상적인 부부관계'라고 덧붙여 준 것 같다. 나는 그녀가 차 안에서 한 질문을 나중에야 이해할 수 있었다.

그날 친구가 책 한 권을 선물했다. 저자는 책 앞머리에 쓰는 제사(題辭)에 영국의 낭만 시인 셸리의 *Adonais*에서 한 줄을 인용하고 있었다. '인생이 여러 색의 유리로 된 천장 같다'고 하는 그 시는 꼭 스테인드글라스의 아름다움을 찬양하는 시는 아니다. 그 긴 시는 키츠가 로마에서 지병인 결핵으로 사망하자 셸리가 그의 죽음을 애도하며 쓴 엘레지이다. 셸리도 그다음 해 폭풍우 속 바다에서 익사하고 만다. 키츠가 25세, 셸리가 30세였다. 아름다운 '색유리'로 시작한 컬러테라피 책을 읽으면서 나는 내 척추의 맨 아래 레드 차크라를 활성화할 필요는 있겠다고 잠시 생각했던 것 같다.

다시 런던에 갔을 때, 몇 달 전, 홍콩에 일이 있어 간다며 그때 서울에 들를 수 있을 것 같다고 했던 쥴리가 투병 중이던 유방암으로 세상을 떠난 걸 알게 되었다. 그녀와의 해후를 기대했었는데 마음이 허무했다. 비음과 다소 거친 순음이 톡 톡 터지던 그녀의 영국 영어, 그리고 우리가 헤어질 때 꼭 다시 만나자며 나누었던 마지막 포옹을 기억한다.

내 멘토가 너무 일찍 세상을 떠난 다음이라 나는 그 요가 책 속에 이해되지 않는 부분이 있어도 어쩔 수 없었다. 그렇다고 요가 마스터들을 찾아다닐 생각을 하진 않았다. 내 인생이 반은 스트레스로 반은 자가면역질환이라는 류머티즘으로 힘들던 그 시기에 만난 친구였는데 우린 그렇게 인사도 없이 헤어졌다.

십 년도 더, 남편이 어딜 다녀올 때마다 사다 쌓아놓은 색채 책들까지 '세상의 모든 색채론'을 다 읽겠다며 심하게(?) 공부했다. 그러나 그 기세는 어느 여름 대상포진에 걸려 한 달 가까이 고생하면서 꺾이고 말았다. 면역억제제와 스테로이드를 먹고 있는 내게 의사는 항바이러스제도 진통제도 처방할 수 없다고 했다. 산통보다 더 위에 있다는 통증을 누그러뜨리느라 여름 한복판 근 한 달을 운전석에 불을 넣고 다녔다.

내 본업인 컬러 관련 책 말고도 컬러테라피 책들을 눈에 띄는 대로 섭렵하다 보니 강의에서건 강연에서건 아는 척은 많이 했다. 친구 쥴리가 나를 컬러테라피라는 새로운 세상으로 초대해주어서 오래전 『리더스 다이제스트』에 컬러테라피 관련 연재를 몇 회 하기도 했다. 그럼에도 불구하고 친구가 추구하던 '컬러테라피'의 길은 내 길이 아니었다.

주목성이 높은 빨간색의 정서

빨강은 드라마틱한 색이다. 낙관적인, 열정적인, 혁명적인, 자신 있는 등의 의미와 공격적인, 위협적인, 거만한, 분노 등의 부정적인 의미를 함축하고 있다. 빨강은 색 중에 눈에 잘 띄는 성질인 '주목성'이 가장 높아서 교통 관련 표지판 등에 '위험에 대한 경고'를 할 때 쓰는 중요한 기능이 있다. 또 다른 위험요소랄까, 이성을 성적으로 자극할 수 있다고도 한다. 아니라고 한다면, 옷이 하는 말을 마음이 잘 못 읽었을 수도, 그 반대일 수도.

빨강은 눈에 잘 띄어서, 조용히 살고 싶은 사람이나 매사에 자신 없는 사람에게는 좋은 색이 아니다. 빨강에 옐로가 더해지면 어떤 이에게는 편안한 휴식의 색이 되기도 하지만 공격적이고 자극적인 빨강은 다른 사람의 시선을 강제 소환하는 게 목적이라면 모를까, 마음 약한 사람뿐만 아니라 보통의 사람들에게도 '한 벌'은 너무 많다. 빨강과 같은 악센트 컬러는 소량을 쓸 때 효과적이지만 많은 양을 쓰면 오히려 역효과를 낸다.

빨간 옷은 모든 사람이 기억한다. 다시 빨간색 옷을 입기 위해서는 적어도 한 달 정도의 인터벌이 필요하다. 여성의 경우, 눈에 띄려고 정장에 뉴트럴 컬러가 아닌 원색을 색깔마다 다 써보겠다고 우기면 딱하다. 그가 선택하는 옷으로 인해 그가 하는 말은 신뢰감을 줄 수 없다. 정치인이나 대중매체에 자주 노출되는 사람은 그가 의도하든 아니든 보이는 것 전부가 메시지이기 때문이다.

첫사랑이 나를 기억한다고 하면 감동적일 것이다. 그러나 내가 입었던 옷을 기억한다고 하면 좀 그렇지 않나? 색이 사람을 받쳐주면 입은 '사람'을 돋보이게 한다. 옷이 아닌 사람을 기억하게 하는 게 맞다. 노무현 대통령이 후보 시절 TV 토론에 나가던 날, 백화점에서 흐리고 탁한 퍼플 넥타이를 고른 내게 물었다. "타이 색이 눈에 좀 띄어야 하지 않나요?" 그분은 '시청자가 타이를 기억하길 원하시냐'고 한 내 말을 이해했을까?

블루레드와 옐로레드는 근거리에 같이 배치하지 않는다. 인테리어건 옷이건 붉은색을 쓸 때, '블루가 섞인 블루레드'와 '옐로가 섞인 옐로레드'의 경우, 같은 색을 겹쳐 쓰는 톤 온 톤(tone-on-tone scheme)을 연출하기 위해 블루레드 재킷과 옐로레드 블라우스 같은 식의 배합을 하면 이상하다. 레드의 바탕색(undertone)이 블루이면 같은 블루를 언더톤으로 명도나 채도를 달리하여 쓰는 것이 자연스럽다. 이상해 보이는 게 목적이면 내가 상관할 일은 아니지만.

색을 쓰는 데 있어 기본이 되는 조화(harmony)와 균형(balance)

을 무시하고 만든 조합은 기괴(괴상)할지언정 아름답지 않다. 우기면 우기는 사람이 손해다. 백 번 양보해서, 옷이 아닌 경우라면 블루레드와 옐로레드 사이에 테라코타나 라스트(rust 쇠의 붉은 녹) 같은, 바탕색이 옐로와 블루 중간에 걸친 색들을 두면 약간의 조화를 만들 수는 있다.

주황색은 지는 해의 부드러운 광휘를 나타내며 눈에 온기와 환희의 느낌을 준다. 그러므로 주황색의 주위 환경은 안락한 느낌을 주고 즐겁거나 화려한 인상을 줄 수 있다.3) 푸른색이 가미된 빨강은 노란색이 가미된 주황색과는 달리 생기를 주기보다는 불안하게 만든다4)고 한다.

색은 에너지다. 기운이 떨어졌을 때 빨간색을 '조금' 써주면 인위적인 에너지 증진의 효과를 낼 수 있다. 그러나 취향 문제일 수도 있지만 주홍색(vermilon, scarlet) 같은 '빨강빨강'의 인테리어는 적은(거실 같은) 양이건 많은(대형 건물의) 양이건 에어컨디셔닝과 상관없이 그 속에 있는 사람들에게 덥고 답답한 느낌을 줄 수 있다.

괴테는 정열적이고 건강하며 거친 사람들이 주홍색을 좋아하는 것이 놀라운 일이 아니라고 하면서 미개한 민족들과 아이들도 이 색을 선호한다5)고 했다. 미개한 민족이라니.

---

3) 괴테 (2003) 『색채론 773』 장희창 옮김, 민음사, 252쪽.
4) 괴테 (2003) 『색채론 787』 장희창 옮김, 민음사, 254쪽.
5) 괴테 (2003) 『색채론 775』 장희창 옮김, 민음사, 252쪽.

좋아하는 색이 어울리면 행운이다. 입어서 나 같지 않으면, 어쩌면 색만 보일 수 있을지 모른다. 만들 때도 버릴 때도 우리에게 해가 되어 돌아올 패스트패션으로 옷장의 반이 차 있지 않은지, 싸서 쉽게 용기 낸, 나와 너무 다른 빨간 옷은 없는지. 환경에도 미안하고 공간에도 미안했으니 한번쯤 옷장을 정리하는 것도 괜찮을 것 같다.

우리 모두 편하고 아무렇지도 않은 친구 같은 옷, 그런 옷만 입을 수 있으면 좋겠다.

나는 빨간 옷을 입지 않지만 유난히 붉은 저녁노을을 좋아한다. 거실 밖 발코니에 서쪽을 향해 나무 벤치를 놓고 싶다. 슬프지 않은 날, 내가 딱히 불행하지 않은 그런 날, 내 몸에 편한 옷을 입고 석양의 붉은 색조가 다 스러져 어두워질 때까지 오래 앉아 있고 싶어서다.

2020년 3월

물랭루즈 라 굴뤼

툴루즈 로트렉 「물랭루즈 라 굴뤼」

'물랭루즈' 하면 노란색 바탕 위에 'MOULIN ROUGE'라는 붉은 글씨와 'CONCERT BAL', 'LA GOULUE'라는 검은 글씨 그리고 검게 칠한 관객이 떠오른다. 그림의 가운데 검은 관객을 배경으로 캉캉 춤을 추는 무희, '라 굴뤼'의 흰색 프릴 스커트가 대비를 이루고 있다. 그 선명한 기억이 가능한 건 유흥주점 '빨간 풍차'

의 포스터를 그린 화가, 툴루즈 로트렉이 포스터의 '명시성'을 염두에 두고 그렸기 때문일 것이다. 판화로 수천 장씩 찍어낸 그의 카바레 광고는 파리의 거리 곳곳에 나붙는다. 그리고 포스터를 본 수천 명의 사람들이 카바레 '물랭루즈'를 찾기 시작한다. 나처럼 그 그림을 선명하게 기억하는 사람들은 나처럼 '물랭루즈'가 마치 오늘 저녁에 당장 들를 수 있는 곳인 양 그렇게 마음에 새기게 되었을 것이다.

내가 오래 가지고 있는 대학 때 산 일본 화집 『世界美術全集』 *L,Art du Monde* 14권 *Gauguin/Lautrec*의 '로트렉'에서 오직 「물랭루즈 라 굴뤼」만을 단숨에 기억하는 것은 바로 로트렉이 몽마르트르의 카바레 '물랭루즈'의 포스터를 위해 선택한 색채 때문이다.

어려서 다치는 바람에 더 이상 키가 자라지 않았고 몸이 허약해서 학교를 그만두고 그림 공부를 하던 로트렉은 20세부터 몽마르트르 언덕에서 그림을 그리기 시작했다. 그리고 7년 후, 「물랭루즈 라 굴뤼」라는 카바레 '물랭루즈'의 포스터를 그리면서 유명해진다. 판화로 찍어서 뿌린 수천 장의 포스터는 유흥업소 물랭루즈를 단숨에 파리의 명소로 만들었다. 후기 인상주의 화가 로트렉이 그린 카바레 포스터는 후일 예술작품이 된다.

포스터의 가장 중요한 조건인 '명시성'은 눈에 잘 띄는 성질을 말한다. 로트렉이 그린 「물랭루즈 라 굴뤼」를 유명하게 만든 건 바로 노랑과 빨강, 검정의 대비로 연출한 색채의 아름다운 마술 때문이다. 명시도가 가장 높은 예시는 검정과 노랑의 배색이다. 명시성은 색상, 채도, 명도의 '차이'를 크게 배색해서 눈에 잘 보이게 하는 성질을 말한다.

명시성이 가장 높은 색은 노랑이다. 유치원 아이들의 겉옷 위에 입히는 가운이 노란 이유다. 멀리서도 운전자가 아이를 볼 수 있기 때문이다.

눈에 잘 띄는 노란색에 대한 아름다운 사랑과 기다림에 대한 노래가 있다. 바로 *Tie a Yellow Ribbon 'Round the Ole Oak Tree*[6])이다. Tony Orlando & Dawn은 '당신이 여전히 나를 원한다면, 오래된 떡갈나무('참나무'보다 어감이 더 좋아서)에 노란색 리본을 묶어 달라'고 노래한다.

> If you still want me
> Tie a yellow ribbon 'round the ole oak tree.
> If I don't see a ribbon 'round the old tree.

---

6) Tony Orlando & Dawn이 1973년에 발표한 노래. 감옥에서 석방이 예정되어 있는 남자가 고향에 있는 사랑하는 이에게 자기가 돌아가는 날 여전히 자신을 사랑한다면 버스가 지나가는 동네 입구에 있는 오래된 참나무(떡갈나무는 우리나라에만 있는 참나무의 한 종류라고 함)에 노란 리본을 묶어달라고 한다. 그는 오래된 참나무에 노란 리본이 묶여있지 않으면 버스에서 내리지 않고 그냥 앉아 있겠다고 했지만…

I'll stay on the bus …
당신이 지금도 나를 원한다면
오래된 떡갈나무에 노란 리본을 묶어 주세요.
그 오래된 떡갈나무에 묶은 리본이 보이지 않으면,
난 버스에서 내리지 않을 거예요 …

내 두 번째 색채 책을 만들 때, 편집하는 과정에서 각 단락의 핵심이 되는 부분이 그 단락의 앞부분 색지에 옮겨졌다. 그중에 내가 중요하다고 뽑은 『햄릿』의 한 부분도 본문에서 뽑아 앞부분 색지에 따로 넣었는데, 편집팀의 의도는 중요한 부분이니 색지에 뽑아 넣어 더 잘 보이게 해주려고 했던 것 같았다. 그러나 유감스럽게도 그 중요한 인용은 글자의 색이 바탕색과 구분이 되지 않는 바람에 색지 속에 묻히고 말았다. '차이가 없으면 눈에 띄지 않는다.' 책을 만들면서 가독성 내지는 명시성의 문제를 고려하지 못했던 것 같았다. 몇 군데 더 그런 식으로 뽑아서 앞부분에 넣은 내용의 핵심이 그렇게 안개 속처럼 흐려져서 잘 보이지 않았다.

컬러 팔레트의 나열된 색판이 색의 섬세한 차이를 드러내지 못할까 인쇄소에서 밤을 새우면서 인쇄 과정을 체크했는데, 정작 문제는 컬러 팔레트가 아닌, 본문에서 중요하다고 따로 뽑은 내용들의 바탕색과 글자색의 선택 부분에서 나왔다. 인쇄된 책을 펴 본 나는 그 책이 내 첫 색채 책만큼 팔리지는 않을 거라는 거의 확실한 예감이 들었다. 더 돋보이게 하려고 만든 디자인이 글자를 보이지 않게 만들었기 때문이다. 애써 만든 책이 그렇게 되어 속이 상했다.

『햄릿』의 그 내용은 오래전 내 마음에 들어와 언제부터인지 거의 체화되어 있는, 그게 내 의생활(衣生活)의 지침인 줄 나 스스로도 모를 정도인 그런 나의 일부였다. 내 의지와 상관없이 사라진 인용구도, 나와 상관없이 절판된 첫 색채 책도 다 너무 아까워서 안타깝다. 달라진 런던의 시스템을 차용하면서 다시 색채 책 한 권을 더 쓰느라 밤을 새우곤 했는데 그렇게 되고 말았다.

인용한 부분은 셰익스피어의 『햄릿』 1막 3장에 나오는 내용으로, 폴로니우스가 아들 레어티즈를 프랑스로 유학 보내며 하는 당부[7]이다. 폴로니우스는 아들에게 옷을 살 때 고급스럽지만 화려하지 않은 것으로 사라는 충고를 한다.

너무 화려하면 비싼 옷도 품위 있어 보이지 않는다. 고급으로 입되 화려하게는 입지 말라는 폴로니우스의 충고를 따

---

7) Costly thy habit as thy purse can buy.
But not express'd in fansy; rich, not gaudy
For the apparel oft proclaims the man;(『햄릿』 1막 3장)

주머니 사정이 허락하는 한 비싼 옷을 사라.
그러나 멋 부리지 말고 고급스럽지만 화려하지 않게,
옷을 보면 그 사람을 알 수 있는 법이니까;

르는 게 맞다. 직업상 품격이 필요한 사람(대통령 같은)도 우리 같은 보통 사람도 품격은 필요하다.

그런데 오늘날은 폴로니우스의 조언만큼이나 중요한 것이 또 있다. 사람은 누구나 자신에게 어울리는 타고난 색이 있다는 사실이다. 타고난 색이란 부모의 유전자가 정해 주는 머리카락 색, 눈빛, 피부색이다. 그리고 이 타고난 자연 색에 특별히 어울리는 색들이 있다. 자신에게 어울리는 색은 모국어와 마찬가지로 태어날 때부터 우리 속에 내재되어 있어 직관으로 알 수 있다고 한다. 하지만 성장하면서 부모의 영향이나 사회적인 통념 같은 것들, 즉 개인의 특별한 경험이나 환경에 의해 그 직관이 흐려지면 색의 선호가 일정치 않게 나타나기도 한다.

부드러운 이미지의 사람이 명시도가 높은 두드러진 대비로 색을 선택하면 눈에 띄긴 하겠지만 그가 가진 가장 좋은 부분인 부드러움을 잃고 만다. 그들에겐 채도가 낮을수록 품위가 올라가는 재미있는 역학관계가 있어서다. 반면 어떤 사람은 채도가 낮은 색이 얼굴 가까이에 있으면 도무지 칙칙해서 그가 가진 가장 아름다운, 별처럼 반짝이는 부분이 뒤로 밀려나서 보이지 않는다. 그들은 명도와 채도를 끝까지 끌어올려도 넘치지 않는다. 봄이라고 파스텔 톤이 아무에게나 어울리지 않는 이유다.

옷의 색이나 디자인을 선택하는 일이 단지 안목의 문제라고 말하는 사람이 있다면 그는 시대에 뒤떨어진 사람인지도 모른다. 경제력과 안목을 다 갖추었다는 자부심이 오히려 옷을 선택하는 데 방해가 되는 경우가 있기 때문이다. 통계와 과학에 의지하는 편이 정확하지 않은 안목에 의지하는 것보다 훨씬 쉬울 수 있다.

어울리는 색은 입는 사람에게 조화와 균형을 주고, 입고 있는 옷에 진정한 가치를 부여한다. 좋은 옷은 입고 있는 사람의 결점은 덜 보이게, 좋은 점은 돋보이게 해서 그가 가진 최상의 모습을 드러낼 수 있게 한다.

오래전 이야기이지만 영화 「쉘부르의 우산」에 나왔던 배우 까뜨린느 드뇌브는 BBC와의 인터뷰에서 자신의 모습이 완벽하다고 생각되지 않으면 대중 앞에 나서지 않는다고 말했다. 그녀의 아름다움에 많은 사람이 감동했었다. 대중을 감동시켰던 그녀의 아름다움을 나는 가끔 불교에서 말하는 브시(布施) 같은 건지 모른다고 생각할 때가 있다. 언젠가 화장을 보시라 한 글을 읽었던 적이 있어서다. 자신의 가장 아름다운 모습을 남에게 드러낼 때 상대방이 가질 수 있는 작은 기쁨 또는 기분 좋은 느낌 때문일 것이다. 게다가 보시는 탁발승을 위한 것이 아니고 자기 자신을 위한 것이라 하지 않는가.

나선형의 상승효과(Upwardly Spiral Effect)

미국 최고의 PR 전문가인 Henry Rogers는 그의 저서인 *Rogers' Rules for Success*에서 우리의 이미지는 우리의 가장 중요한 'Sales Tool'이라고 한다. 날마다 우리는 우리 자신을 판매하고 우리의 이미지는 가장 중요한 판매수단이라는 것이다.

무의식적이건 의식적이건 우리가 우리 자신에 대해 가지고 있는 이미지(self image)가 있고, 우리 자신에 대해 남들이 갖는 이미지(public image)가 있다. 이 두 이미지 사이에는 한 이미지가 상승하면 다른 이미지가 동반 상승하는 '나선형의 상승효과'라고 부르는 상관관계가 있다.

우리는 각자가 가진 내적인 갈등이나 문제들, 과거의 무게 등으로 자신감을 잃거나 자기관리에 어려움을 겪기도 한다. 그런 '내적인' 문제들은 짧은 시간에 해결하기 어렵다. 그러나 '보이는 것'은 '보이지 않는 것'보다 바꾸기 쉽다. 우리의 자연색을 알고 그 색들과의 조화를 연구하다 보면 우리 본연의 신체 색과 가장 잘 어울리는 색을 찾을 수 있을 것이다. 그렇게 어울리는 아름다운 색들 속에서 우리의 내면도 새로운 삶의 패턴을 찾을 수 있지 않을까?

'우리의 달라진 모습'에서 남들이 갖게 될 좋은 이미지는 우리의 셀프 이미지에 긍정적인 영향을 미칠 수 있다고 한다. 즉, 남들이 우리의 이미지를 좋게 봐주면 그런 다른 사람의 평가에 의지해서 우리의 이미지를 상승시킬 수도 있다는 것이다. Henry Rogers는 그것을 '나선형의 상승효과'라 부른다. 그리고 나선형의 상승 모드는 영원히 올라만 가는 구조이다.

테리 길리엄 감독이 영화로도 만든 독일의 『뮌히하우젠 남작의 모험』에 뮌히하우젠 남작이 물속에 빠졌을 때 자기 수염인지 머리카락인지를 잡고 올라온다는 이야기가 나온다. 황당하지만 결국 스스로 해낸다는 이야기다. 내 안에 있는 나의 가장 좋은 것을 찾을 수 있다면 그걸 붙들고 물 위로든 세상 밖으로든 올라갈 수 있지 않을까?

2020년 4월

품격 판관

보통 행사(경선) 두 시간 전이면 상대 후보의 옷을 알 수 있다는 신기한 정보력에 감탄하며 첫 경선지인 광주로 갔다. 후보의 이미지를 맡고 나서 서울이 아닌 곳에서 열린 첫 연설이 있던 곳이 광주였다. 여성 후보와의 첫 경선에 상대방이 입을 듯한 정장의 색을 감안하여 후보의 옷을 고르고 타이 몇 개를 들고 갔다. 준비한 건 황색 계열의 타이 두 개와 적색 계열의 타이 두 개였다.

여성인 상대방 후보 측에서도 우선적으로 이미지에 힘을 싣기 위해 파워가 실리는 짙은 푸른색 네이비나 붉은색 계열의 정장을 입을 수밖에 없을 터였다. 두 색의 정장 중에서 그녀가 입는 옷에 따라, 그쪽이 상생해주면 좋은 색과 이쪽이 상극하면 좋은 색, 그렇게 두 가지 색상을 염두에 두고 선택한 색들이었다. 후보의 연설이 좋았는지 첫 경선에서 이겼다.

후보 주위에 있는 사람들이 내가 유럽식의 이미지 메이킹을 하는 줄은 알고 있었겠지만, 동양의 색 이론을 같이 쓰고 있는 줄은 몰랐을 것이다. 인테리어 컬러 제안이나 의상 관리를 할 때, 내 색채이론의 근거가 되는 요하네스 이텐(Johannes Itten)의 '주관색(Subjective Color)' 개념이나 '퍼스널 컬러' 관련 전문 지식 외에 내가 차용하는 다른 색채이론은 미국에서 활동하는 중국 출신의 색채연구가 린윤(林允) 교수의 색 이론이다. 그는 풍수 전문가이기도 하다. 버클리대 서점에서 그의 책을 발견했을 때 동양의 오방정색과 오방간색을 상생과 상극이라는 개념을 베이스로 옷이나 인테리어에 쓸 수 있다는 사실에 전율했었다. 하지만 캠프에서 마주치는 사람들이 모두 타이 색을 추천하는 상황에서 내가 선택하는 품목들에 대해 구태여 일일이 설명할 필요까지야.

캠프 일을 하는 동안 있었던 특별히 말하고 싶은 남들이 모르는(?) 에피소드 같은 건 별로 없다. 행사가 있는 전날 밤에나 당일 새벽에 이미지 총괄로서의 모든 일이 끝나기 때문에 매주 참석하던 홍보팀 회의도 내게 특별한 의미는 없었다. 새벽에 내가 하는 일에 참견하기 위해 오는 몇 사람 말고는 캠프 사람들을 항상 만나는 건 아니어서 비교적 편하게 일을 하는 환경이었지만 후보와의 친분을 근거로 들어오는 의상 관련 태클이 만만치 않았다. 이미지와 관련된, 보이는 것에 대한 코멘트들은 무시하면 그만이었지만, 앞 선거에서 잠시 분석했던 후보에 대해 알고 있었는지 성향이 다른 두 진영의 후보를 같이 관리하는 건 옳지 않다며 내가 무슨 패륜이나 저지르는 사람인 양 곱지 않은 시선으로 보는 이들도 있었지만, 내가 정치적인 의견이 없는 사람이라는 해명을 하기도 그래서, '어떤 사람과도 일할 수 있지만 다른 진영의 후보를 '동시에' 컨설팅하진 않는다고 말했던 것 같다.

내가 초록색 실크 블라우스를 입을 때, 가끔 나를 미소 짓게 만드는 기억 하나가 있다. 매일 새벽, 또는 밤늦은 시간에 다음 일정의 성격에 따라 정장, 셔츠, 타이를 세트로 두 벌 정도 추천하는데, 첫 일정이 기업인들과의 조찬 모임이었던 어느 날 새벽의 기억이다.

그분이 기업인 출신이라 기업인들과의 조찬이 부담스러운 모임이 아닌 듯해서 짙은 감색 정장과 초록색 무늬가 잔잔한 양복과 같은 색 타이를 골랐다. 그날은 좀 멋을 부려도 괜찮을 듯해서 실크 '포켓 스카프'(작은 손수건)를 초록색으로 골라 양복 윗주머니에 좀 깊이 꽂아 드렸다. 손수건 접는 법을 안 잊어버리려고 가끔 접어서 내 주머니에 꽂아 본 것 말고는 처음 써보는 포켓 헹키를 많이 보이면 부끄러워하실 것 같아

살짝만 보이게 했다.

주머니에 꽂힌 손수건 한 번, 내 얼굴 한 번 보시더니 잠시 웃었던 것 같다. 출발하면서 "차에 자리 있는데 같이 타고 내려가지." 하셔서 "차 가지고 왔습니다." 하며 쳐다보니 포켓에 손수건이 없었다. 나는 옷 방에서 거실을 통해 마루로 나갔는데 안방을 통해 밖으로 나오시는 사이에 손수건을 빼신 모양이었다. 그게 미안해서 평소에 안 하던 말씀을 한 것 같았다. "그건 도저히 안 되겠어"라고 하시는 대신. 초록색 손수건을 생각하면 멋쩍어 하시던 모습이 생각나 혼자 웃는다. 옷차림도 사람도 가까이 있으려면 편해야 하는 게 맞는 것 같아서.

포켓 행키로 한 번 거절당했는데, 그럼에도 불구하고 나는 또 사우디 왕자와의 회담 일정이 잡혔을 때, '통역이 있겠지만 처음 만날 때 하는 아랍어 인사 정도는 알고 가시라' 했다. 이미지 관리는 어쩌면 매사에 '참견'하는 일인지도 모르겠다.

라틴어 'ARBITER ELEGANTIARUM'(아르비테르 엘레간티아룸)은 로마 황제 네로의 '품격'에 관한 조언을 하는 가이우스 페트로니우스 아르비테르[8]의 '판관'이라는 직위를 말한다. 좀

---

8) Gaius Petronius Arbiter(A.D 20~66), 정치가이며 소설가. 문학에 조예가 깊고 미적 감각이 뛰어난 사람으로 로마 황제 네로의 '품격'을 담당하는 '판관' 장편소설 『사티리콘』의 저자기도 하다.

다르지만 어떤 면에서 대통령 후보의 '이미지 총괄'을 맡았던 내 역할과 비슷해 보인다. 궁극적으로 이미지 관리는 '품격'을 만드는 일이니까.

로마의 정치가이며 소설가인 페트로니우스는 판관으로서, 그 자신이 갖추고 있던 미적 감각이라든가 문학, 철학 같은 학문적인 소양이 뛰어나, 황제가 자신의 취향이나 글에 관해서도 조언을 구했던 사람이다. 그가 가진 덕목은 '품격'에 대한 균형 있는 안목이 아니었을까 한다. 이미지 관리는 개인이나 기업 또는 국가의 품격을 만드는 일이다. 페트로니우스가 '품격 판관'이라는 직책을 맡았을 때, 그는 황제의 품격, 즉 이미지 관리라는 본연의 책임을 이행하면서 황제에 대해 많은 것을 연구했을 것이다.

그가 모든 면에서 황제를 보필하는 자리에 오른 걸 보면 그 자신이 품위 있고 고상한 사람인 건 맞는 것 같지만 페트로니우스가 황제를 위해 끝까지 헌신한 것 같진 않다. 황제를 위해 다방면으로 조언을 하면서, 앞에서는 아부하고 비위를 맞추지만 뒤로는 사람을 써서 비밀을 캐는 식의 후일을 위한 '보험'을 챙기고 있었기 때문이다. 네로 수하에게 모함을 당해 궁지에 몰리자 스스로 목숨을 끊으면서 자신이 수집해둔 황제의 비밀들을 가지고 뒤통수를 치는 걸 보면 그가 황제의 '품격'을 위해 올인하진 않은 것 같다.

무지개의 한 가운데 위치한 초록색은 우리 눈에 잘 들어오는 '긴 파장'의 빨강, 주황, 노랑 다음에 있어서 빨강처럼 빨리 눈에 들어오는 색은 아니다. 도로 위 네거리의 정지 신호는 우리 눈이 빨리 보는 긴 파장의 빨강이어야 하지만 출발 신호는 급히 달려 나가면 위험해서 파란색(초록색)으로 만든 건 아닌지.

그런데 우리말도 이제 초록색은 초록색이라 하면 안 되는 걸까? 우리처럼 중국도 일본도 산을 푸르다고 한다. 일본은 미도리(초록색)라는 말이 있는데 산을 청산이라 하고 초록색 보리를 청보리라 한다. 중국도 녹색이라는 말이 있는데 초록이 가득한 산을 푸른 산이라 한다. 그 산이 다 멀리 있어 푸르게 보여서일까?

桃花紅雨鳥喃喃　도화홍우조남남
繞屋靑山閒翠嵐　요옥청산한취람

복사꽃이 붉은 비처럼 떨어지고 새들은 지저귀는데
집을 둘러싼 청산에는 푸른 이내가 한가하다.[9)]

---

9) 고려시대 전기의 문인 정지상의 시 「醉後」(취후) 중에서. 『고려漢詩삼백수』 김인환, 문학과 지성사 2014, 52쪽.

초록의 정서

숲과 자연을 함축하는 초록은 평온함, 고요함을 드러낸다. 초록색은 우리 몸의 균형을 잡는 효과가 있고 마음의 평정을 회복할 수 있게 해준다. 성장과 치유, 자신감, 신뢰 등의 긍정적인 효과를 만들 수 있다. 미국의 색채연구소 팬톤은 2013년에는 에메랄드그린 2017년에는 연두색에 가까운 초록색, 그리너리(Greenery)를 '올해의 색'으로 정했다.

올리브그린(Olive Green)은 연두색을 조금 탁하고 어둡게 만든 색으로 따뜻한 색이다. '검정을 조금 더 넣으면' 재킷이나 트렌치코트 색으로도 충분하다.

제이드그린(Jade Green)의 Jade는 채도가 낮은 회색에 가까운 옥(玉), 그리고 녹색이 뚜렷한 보석, 비취(翡翠)로 나뉘는데, 연옥인 옥은 옅은 회녹색이고 경옥인 비취는 반투명의 담녹색 보석으로 밝은 녹색이 섞여 있다. 옥은 행운을 가져온다고 믿는 중국인들이 항상 몸 가까이에 둔다는 보석이다.

제이드그린은 올리브그린보다 푸른색이 많이 들어있는 찬색으로, 가문비나무 색(은청색), 스프루스그린(Spruce Green)을 흐리게 만든 색이라고 보면 된다. 살빛이 뽀얗고 눈이 부드러운 사람에게 어울린다. 올리브그린은 따뜻한 색, 스프루스그린은 찬 색이다. 두 색이 다 어울리는 사람은 없다.

에메랄드그린(Emerald Green)은 선명한 초록색으로 '정신을 집중하게 하는 효과'가 있어서 아이들이 공부하는 책상이나 당구대, 카지노의 테이블 등에 쓰인다. 채도가 높아서 눈빛도 피부도 반짝이는 사람에게 잘 어울린다.

에메랄드그린의 아름다운 초록색 술 압생트는 많은 예술가들을 중독자로 만든 술인데, 초기에는 높은 도수와 독한 '쑥' 성분으로 인해 애호가들의 몸과 정신에 치명적인 해를 입혔다고 한다. 설탕을 넣으면 뿌옇게 변하는데 연옥의 회녹색같이 보이기도 한다. 압생트는 고흐, 로트렉, 피카소, 보들레르, 랭보 등 예술가들이 사랑한 술이다. 고흐는 압생트를 마시고 귀를 잘랐을까? 압생트를 많이 마시면 환각을 일으키기도 한다니까. 초록색 병에 담긴 소주도 몇이서 '아흔아홉 병'을 마시면 환각만 일으키겠는가.

눈이 피곤할 때 초록색은 눈을 쉬게 해준다. 종일 현란한 색깔에 둘러싸여 일했다면 그날 저녁 당신의 눈엔 초록이 선물일 것이다. 식탁에 초록색 식탁보를 깐다거나 욕실의 타월을 초록색 크리스마스 타월로 바꾸는 것도 눈을 위한 투자이다. 내가 초록색 크리스마스 타월을 좋아해서 우리 집은 욕실도 부엌도 사철 크리스마스다.

나이 들면서 가장 후회되는 것 중 하나가 몸을 돌볼 여유가 없었다는 것이다. 누구처럼 마시고 죽겠다고 꼭지가 돌 때까지 독주를 들이켜며 산 건 아니어도 눈에 먼저 들어오는 빨강 노랑에 휘둘리며 살았다. 내 마음이 평정을 유지할 수 있었다면, 내 몸의 균형도 깨지지 않았을 것이다. 그렇게 내 마음의 판관이 나를 챙길 수 있었으면 좋았을 걸 그랬다. 결국 내가 내 삶을 지혜롭게 경영하지 못했다는 고백이다.

삼백 년도 더 된 올리브나무가 초록색 잎새 위로 하얀 꽃을 가득 피웠다고 한다. 언젠가 그렇게 오래 걸려 피운 예쁜 꽃을 한아름 안아보고 싶다.

2020년 5월

아주 사적인 나의 퍼플

은을 두드려서 만든 무광의 사각 귀걸이가 마음에 들었다. 장신구는 친구가 만들어 주는 것 말고는 잘 사지 않는데, 마치 어머니 화장대에서 보던 오래된 패물 같은 그 느낌이 좋았다. 99 파운드라는 가격이 은덩어리로 만든 귀걸이치고는 그렇게 높은 가격은 아닌 것 같았지만 장 보러 나왔다가 집어 들기는 부담스러워서, "그냥 사지" 하는 남편에게 좀 생각해 보겠다 했다. 몇 달 후에 그 가게 앞을 지날 때 들어가 봤더니 아무도 사 가지 않았는지 그대로 있어서 남편에게 사달라고 했다. 같은 계좌를 쓰면서 내가 사면되는데 그 귀걸이는 선물 받고 싶었다. 1.5인치×1.5인치 정사각형의 귀걸이가 좋아 평생 안 하던 귀걸이를 하고 다녔다.

모서리를 굴린 사각형 은을 무광으로 만들고 사각형의 모서리 한쪽에 대각선으로 보라색 아이리스를 양각으로 만든 것이었다. 초록 이파리 두 개와 함께. 맨얼굴로 머리를 땋고 다니던 내게는 귀걸이가 화장 대신 중요한 소품이 되었다. 귀국하기 전쯤, 같은 가게에서 '실버 폴리시'라는 처음 보는 약을 발견하고, 은수저를 닦으면 철수세미로 광을 낼 때처럼 은이 깎이지 않아서 좋겠다 싶어 하나 샀다.

어머님 할머님 모시고 살면서 세 학교에 나갈 때도 있어서 늘 동동거리고 다니느라 반은 뛰어다니던 서울 생활과 달리 아침 시간 말고는 아무도 뛰지 않는 그곳 사람들처럼 나도 그렇게 느긋하게 걸어 다니는 데 익숙해졌었다. 뛰지 않고 걸어 다닌 건 귀를 뚫지 않아서 클립이 달린 귀걸이를 하다 보니 잃어버릴까 봐 그랬는지도.

케임브리지의 장신구 가게에서 사 온 실버 폴리시는 닦으면 은이 변색될 때도 있어서 별로 쓸모가 없었지만, 선물이라며 직원이 집어 준 베이킹파우더 한 통은 집에 왔을 때 그 진가를 발휘했다. 수십 년간 명절이며 어른들 생신에 식사를 하는 사람이 많을 때는 수십 명씩 되었다. 그 전날 그리고 끝난 후에 베이킹파우더로 닦은 수저들은 부엌을 온통 번쩍이게 했다. 그러던 어느 날, 수도꼭지, 압력솥들, 서랍 속의 안 쓰는 은수저까지 다 닦고 나서, 지쳐 죽을 것 같은 그 순간에 갑자기 잊어버리고 있던 물건 하나가 생각났다.

한국으로 오기 전 마지막 유럽 여행으로 이탈리아에 갔을 때 베네치아의 거리에서 은으로 만든 작은 보석함을 발견했다. 가죽으로 라이닝이 되어 있었고 망치 자국을 살린 뚜껑에는 꿈처럼 예쁜 칠보 장식이 있었다. 나는 케임브리지에서 산 은귀걸이를 담아두려고 그 보석함을 샀다.

그날, 주저앉아 있다가 갑자기 무광으로 된 은귀걸이가 광이 나면 더 예쁠 것 같다는 생각이 들자 힘이 났다. 도드라지게 만든 보라색 꽃은 계산에 넣지 않았다.

과유불급(過猶不及), 지나침은 모자람만 못하다는 교훈을 늘 잊는다. 나는 그날 sterling silver earring에서 보라색 아이리스를 지우고 말았다. 우리 식구들은 아무도 내가 퍼플과 함께 '무지개'(아이리스 꽃말) 한 쌍을 잃어버렸다는 사실을 모른다. 아이리스가 퍼플로 양각되어 있는, 그 귀걸이를 내가 얼마나 좋아하는지 둘 다 잘 알고 있기 때문에 나는 아무 말도 할 수 없었다. 대강하라고 할 때 말 들을 걸 그랬다.

보라색에 빠져 있던 2018년, 프로방스 여행에서 조우한 보라색 바다 같던 라벤더 경작지에 거의 쇼크 수준의 감동을 받았다. 산속, 끝없이 펼쳐진 라벤더밭 어디쯤, 산등성이에서 마주친 라벤더가 원료인 유명 화장품을 생산하는 공장을 보고서야 산에도 수도원에도 지천인 라벤더가 관상용이 아닌

산업용이라는 사실을 깨달았다.

아름다운 생 크루와 호수(Lac de Saint-Croix)가 보이는 언덕 위 호텔 마당에는 우리집 발코니 반을 차지하고 있는 보라색 난초가 회색 돌화분에서 강렬한 프로방스의 햇볕에 이파리 가장자리가 노랗게 부서지고 있었다. 내 눈에 프로방스는 반이 보라색이었다.

그해 2018년, 팬톤이 정한 '올해의 색(The Pantone Color of the Year)'은 블루 베이스의 보라색, 울트라 바이올렛(ultra violet)이었다. 나는 청자색인 페리윙클 블루도 좋아하지만 적자색인 로열 퍼플을 더 좋아한다. 실버 이어링에서 퍼플을 지운 후에 나는 색 중에 정녕 퍼플만을 흠모한다. 블루와 레드를 섞어서 만드는 퍼플이 전하는 메시지는, 블루를 많이 섞으면 블루 쪽의 서늘함과 고요함이고, 레드를 많이 섞으면 레드 쪽의 따뜻함과 강렬함이다. 검정이 섞인 보라색인 가지색, 옅은 보라색인 라일락과 라벤더, 핑크에 가까운 푸시어(fuchsia), 푸른색이 베이스인 페리윙클 블루, 붉은색이 더 많이 섞인 로열 퍼플 등이 보라색의 범주에 든다.

보라색은 상상력이 풍부한, 창의력을 북돋우는, 감각이 예민한, 직관적인, 평범하지 않은, 헌신적인 등의 긍정적인 정서와 비현실적인, 퇴폐적인, 미숙한, 거만한 등의 부정적인 정서가 있다. 퍼플이 내포하는 화려하고 고급스러운 느낌은 트렌드와 상관없이 우리들의 정서에 강한 영향을 미친다.

중국의 색채학자가 쓴 한 색채론에는 보라색이 고귀함을 상징한다고 나온다. 또 중국인들은 퍼플을 레드보다 더 상서로운 색으로 여기고 '보라의 기를 지닌 사람'을 '고귀함과 권력', '부와 행운'을 가진 사람이라고 한다.

로열 퍼플은 로마제국 초기에 집정관 줄리어스 시저가 황족이나 귀족들에게만 허락한 옷 색깔이다. 그런 이유로 그 자색 염료에 로열 퍼플이라는 이름이 붙었다. 지중해의 페리윙클이라는 고둥에서 자(紫)색 염료(티리안 퍼플tyrian purple)를 채취했는데 소량씩밖에 채취할 수가 없어 가격이 비쌌다고 한다. 시민들은 토가(긴 겉옷)의 가장자리만 퍼플로 염색을 해서 그들의 신분을 드러냈다.

유태교의 성막을 이루는 네 가지 원소 중에 바다를 상징하는 색이 자색이라 한다. 바다가 자색인 것은 그 색이 바다에서 나는 고둥 같은 패각류에서 채취한 염료이기 때문이었다. 나머지 세 원소는 백색(땅), 청색(공기), 적색(불)이다.

우리나라는 『삼국사기』에 신라와 백제(고구려는 다르다)가 공통적으로 관복의 색을 가장 높은 신분은 보라색, 그다음은 빨간색, 그 아래는 파란색을 입었다고 나온다.

일본은 아스카 시대인 603년 수이코 천황의 섭정 겸 황태자인 쇼도쿠 태자(聖德太子, 여자 천황인 수이코의 조카)가 백제의 관위 제를 따라 관직을 12계급으로 나누고 색으로 그 위계를 표시했는데, 가장 높은 관직은 보라색을 입도록 했다고 한다.

퍼플은 보헤미안의 색이기도 해서 체코슬로바키아제 보헤미안 크리스탈은 퍼플이 많다. 인생을 자유롭고 편하게 사는 예술가들이나 작가들이 방을 퍼플로 장식한다고도 하는 걸 보면, 예술적이고 자유로운 색인 것 같다. 적색과 청색을 합쳐서 만든 보라색은 신과 인간의 중재를 맡은 성직자의 색이라고도 한다. 괴테가 그의 색채론에서 이 부분에 대해 성직자를 두고 '기분 나쁘게' 하는 말은 전하고 싶지 않다.

유럽에서는 1차 세계대전이 끝난 1920년대에 내핍에서 사치와 풍요로 넘어가는 과정에 등장한 색이 퍼플이다. 1856년 영국의 화학자, 퍼킨[10]에 의해 옅은 퍼플 컬러의 염색이 처음으로 등장한 이래 퍼플은 싼 가격 덕에 널리 퍼져 나갔다. 게다가 빅토리아 여왕의 남편 앨버트 공이 1861년 42세로 죽자 온 나라가 애도의 물결로 뒤덮였고, 상복의 색인 퍼플은 싼 가격으로 쉽게 구할 수 있어 점점 더 많은 사람들이 편하게 입을 수 있는 색깔이 되었다. 퍼킨 덕분에 '로열 퍼플'의 '로열'은 그냥 색이름에 붙이는 형용사일 뿐이었다. 라

---

10) William Henry Perkin(1838~1907), 영국의 유기화학자. 1856년 아닐린으로 옅은 보라색 모브(mauve)라는 염료를 합성하면서 합성염료 공업을 일으킴. 모브를 발견한 지 50년 만인 1906년에 기사작위를 받는다.

틴계 사람들도 퍼플을 입고 장례식을 치른다고 한다.

퍼플은 비즈니스에서 자신감과 개성을 동시에 드러내고 싶은 여성이 선택하면 좋은 색이다. 네이비블루나 다크그레이 대신 선택할 수도 있다. 너무 짙은 색이 아니면 TV 화면 속에서도 위너. 이브닝드레스 색으로도 검정 대신 쓸 수 있다고 하지만 미숙해 보이고 고급 취향으로 보여서 겸손해 보이고 싶은 자리에는 부적합한 색이다. 개인주의로 보이고 트러블 메이커라는 인상을 줄 수도 있다. 그래서 조화를 필요로 하거나 너무 두드러지면 곤란한 자리에는 피한다. 퍼플은 우울할 때 빠져나오게 하지 않고 더 끌어들인다고도 한다.

지금쯤, 세상 사람들은 색이 전하는 메시지나 의미 등에 대해 조금씩은 알고 있을 것이다. 어울리는 색에 대해서도 그렇다. 유행하는 색을 재빨리 알아내는 센스보다는 내가 '나처럼 보이게 하는 색'을 아는 감각이 더 중요한 것 같다. 유행색은 '세계 유행색 협회'에서 정하고 세계가 함께 준비하는 2년이 지나면 섬유를 비롯한 산업 전반에 걸쳐 그 색들이 최고의 시기를 맞아 활용된다. 유행의 변화들을 다 따라갈 수는 없는 일이지만 '트렌드'에 역행할 필요까지는 없지 않을까 싶다. 각자의 라이프 스타일에 적합한 트렌드를 만나면 선택해서 창의성을 발휘하는 것이 중요한 세상이 되었다. 색도 스타일도 맞지 않는 유행은 선택하지 않으면 그만이다.

남에게 해가 되지 않는다 해도 지나치면 나쁘다. 나쁜 의도로 하지 않아도 지나치면 결국은 '일생의 보물'을 훼손(?)할 수도 있는데, 하물며 나쁜 의도로 하는 일이 지나치다면, 그건 생각하고 싶지 않다. 어쨌든 아픈 손으로 체력의 한계를 모르고 스테로이드 기운으로 하는 일이 지나치면 어떻게 되는지 알았으니 반성하고 또 반성한다.

나의 보라색 아이리스를 기리며~

*purple은 자(紫)색으로 번역하는 게 맞는 것 같다.
자주(紫朱)색은 burgundy에 더 가까운 색이다.

2020년 6월

분홍색이 어울리지 않는 여자

우선 『이텐과 나』 그리고 『리딩 이텐』이라는 두 가지 제목을 정해놓고 책을 시작하려고 자료들을 꺼내 놓았다. 색채에세이를 쓰면서 이미 늘어놓은 책들이 있어서 티 테이블 하나 옮겨다 놓으면 다 올려놓을 수 있을 줄 알았는데 자리가 모자란다. 책꽂이 칸을 더 비울 건 없다 싶어 몇 권을 있던 자리에 다시 가로로 올려놓고 있는데 두 식구가 거실을 지나다니면서 내 글이 정보가 너무 많다고 귓속말을 한다.

내가 1989년에 처음 알게 된 *The Elements of Color*(1970)는 '퍼스널 컬러'와 '사계절 이론'의 근거가 되는, 요하네스 이텐[11]이 쓴 컬러 시스템에 관한 논문으로 파버 비렌[12]이 서

11) Johannes Itten (1888~1967), 스위스 출신 표현주의 화가, 디자이너. 건축가. Walter Gropius의 초대로 Lionel Feininger, Paul Klee, Oscar Schlemmer, Wassily Kandinsky 등과 Bauhaus의 마스터. *The Art of Color*(1973)의 저자

문과 비평을 붙이고 편집한 책이다.

색채 관련 내 공부의 여정은 이텐을 차용한 '퍼스널 컬러'의 근원을 찾아 거꾸로 이텐에 이르는 길이었다. 세상의 모든 색채론을 다 읽을 기세로 시작한 공부가 건강에 문제가 생기면서 한동안 주춤했지만 지금도 여전히 가장 행복한 시간은 딸이 웃을 때와 내 마음에 일곱 빛깔 무지개를 안고 있을 때이다.

미술대학의 대학원에서 색채를 가르칠 때, 학생들과 이텐의 색채론, *The Art of Color*를 같이 읽었다. 박사과정의 수강생들 중에는 대학에서 색채를 가르치는 교수님들이 있어서 당연히 나보다 색채 이론은 더 잘 알고 있을 터였다. 강의 시간에는 이텐의 색채론을 정독하고 퍼스널 컬러를 찾는 방법론에 대해 토론했다. 수강생 전체가 모델로서, 비평가로서 참여하는 실증적 검증을 통한 한 학기 동안의 수업은 누구나 알 수 있는 유명인을 분석하는 두 번의 작업에 대한 성취도 평가를 끝으로 마무리되었다.

이텐의 주관색 개념은 내가 왜 고흐를 특별히 좋아하는지 알게 해 주었다. 내 색채 팔레트가 클리어(clear), 웜(warm)이어서 그의 팔레트와 잘 맞아 내가 유독 고흐에 집착했던 것 같다. 이텐이 하필 '분홍색'이 모든 여자들에게 다 어울리는 건

---

12) Faber Birren(1900~1988), 미국의 작가이자 컬러 이론 전문가이다. 색채심리와 색채요법 관련 저서들이 있다.

아니라고 한 건 아마 '주관색'에 관한 이론을 만들면서 터득한 그 나름의 혜안이 있어서였을 것이다. 핑크를 입혔을 때 모든 여자들이 다 아름다운 건 아니라고 했으니, 그 아름답지 않은 여자가 '어떤' 여자인지 알고 싶었다. 내가 늘 분홍색(peach도 투명하지 않으면 내게 너무 많다)이 어울리지 않는다는 생각을 해왔기 때문이었다. 지금 생각하면 의외로 간단한 원리인데 그때는 이해가 쉽지 않았다.

레드에 흰색을 섞으면 채도가 낮아진다. 그렇게 만들어진 파스텔 톤의 핑크가 어울리려면 입는 사람이 피부도 눈빛도 부드러워야 하는데, 클리어 타입인 나는 피부 톤도 눈빛도 강해서 부드러운 색이 어울리지 않는다. 클리어 타입이 선택할 수 있는 핑크는 색깔에서 가루가 느껴지지 않는 '아이시(투명한) 핑크' 정도인데, 그 핑크는 블라우스나 란제리 색으로 적합하다.

분홍색 하면 봄날의 흐드러지게 핀 벚꽃이 떠오른다. 아름다운 스무 살의 봄에 친구와 갔던 창경궁의 밤 벚꽃놀이, 그 현란한 분홍의 기억이 봄이면 발코니 창에 가득한 벚꽃과 함께 돌아온다. 그때쯤, 나는 친구들을 집으로 초대하곤 했다. 지난봄은 어쩔 수 없이 그 아까운 연분홍색 봄날을 그냥 보내고 말았다.

핑크는 로맨틱한 분위기를 만드는 색이다. 중국인들은 분홍색에 노란색이 살짝 가미된 따뜻한 느낌의 살구색(peach)을 매력과 사랑의 색이라 한다. 미혼에게는 이성에게 특별히 매력적으로 보일 수 있는 행운의 색으로, 기혼인 사람에게는 불륜으로 갈지 모르는 파괴적인 색으로 여겨진다는 것이다. 그러나 살구색은 찬 피부 톤의 사람에게는 어울리지 않는다. 수천 킬로 떨어진 먼바다로부터 태어난 곳으로 돌아와 알을 낳고 죽는다는 모천회귀(母川回歸)의 연어, 그 연어의 살색, 새먼핑크(salmon pink)도 살구색과 마찬가지로 어울리는 사람(soft, warm)에게만 어울린다. 새먼(연어)을 먹을 수 있지만 새먼핑크(연어 살색)를 입을 수 없는 사람이 반은 된다.

기쁨, 행복, 사랑, 로맨스 등을 떠오르게 하는 핑크의 무드(정서)는 여성적이고, 온화하고, 부드럽고, 쉽게 다가갈 수 있는, 위협적이지 않은, 애처로운, 중요하지 않은, 안전한, 자신 없는, 보호해 주고 염려해 주는, 상냥한 등이다. 핑크에 대한 색채학자들의 공통된 의견은 사랑이나 로맨스와 밀접한 관계가 있다는 것이다.

그러나 연약해 보이고 애처로워 보이는 색을 입고 능력 있는 사람이라고 우기기는 좀 무리여서 프로페셔널한 이미지를 만들기는 어렵다.

핑크 계열의 색으로는 코랄, 새먼, 피치, 로즈, 핫 핑크, 쇼킹 핑크, 아이시 핑크 등이 있는데 푸시어[13]는 블루가 많이 섞였는지 레드가 많이 섞였는지에 따라 퍼플의 범주에 넣기도 하고 핑크 범주에 넣기도 한다. 마젠타를 핑크에 포함시키는 사람도 있는데 마젠타는 핑크라기보다 바탕색(undertone)이 푸른, 차가운 레드의 끝에 넣어야 할 것 같다.

괴테는 사람들이 색에서 기쁨을 느낀다고 했다. 색채는 우리 삶을 아름답게 해주고 풍요롭게 하는 것 이상으로 우리의 육체나 심리에 직접적으로 영향을 미친다는 사실이 과학적으로 확인되고 있다. 색이 사람에게 미치는 영향을 연구하는 색채심리학이나 색으로 질병을 치료하는 색채치료(color therapy)에서 핑크는 몸과 마음을 이완시켜 심신을 안정시킨다고 한다. 기운이 넘쳐서 종일 난리 치는 꼬마가 있는 집이나 마음이 불안한 사람들이 쓰는 공간을 핑크색으로 바꾸면 도움이 된다는 보고도 있다.

일곱 트롯맨들이 모두 핑크색 슈트를 입은 모습이 매혹적이었고, 핑크로 가득한 화면은 차분해 보였다. 노래하고 춤추는, 신나고 에너지 넘치던 프로그램이 그날도 신나고 에너지 넘치는 방송 분위기를 이어갔는지 확인하지 못했다. 핑크색이 '벽을 타고 다니는 아이'의 기운을 단시간에 차분하게 가라앉힐 정도로 진정 효과가 있는 색이라면, 보통 사람들에겐

13) fuchsia: 나는 '후시아'라 했었는데 찾아봤더니 우리말로 '후크시아'라 적고 있었다. 너무 많이 다른 거 같아서 아예 영어발음대로 '푸시어'라 쓰기로 함

어떤 효과가 있었을지 궁금하다. 프로그램을 만드는 사람도 출연진도 마음의 긴장이 좀 풀어지진 않았을까? 방송 후에 자막이 잘못 나왔다는 기사를 본 것 같긴 하다.

목적이 있는 캠페인에서 단체(정당이나 기관 같은)로 입는 유니폼은 캠페인의 목적에 부합하는 어떤 상징성이 있을 것이다. 괴테의 말을 빌려 오면, 유니폼 색의 경우, '특징과 위엄'을 갖추어야 한다. '바탕색이 푸른 차가운 느낌'의 칙칙한 핑크색, 핫 핑크나 쇼킹 핑크를 유니폼 색으로 쓸 경우(색이름이 좀 달라도 상관없다)에 '특징'은 모르지만 '위엄'과는 별 연관성이 없을 것 같다. 밝고 야단스러운 색은 소량으로 쓸 때는 긍정적인 효과를 낼 수 있지만, 너무 많은 양을 그것도 단체로 쓰면 부정적인 효과를 낸다. 차고 강한 색을 유니폼 색으로 쓰면 얼굴이 추워 보이는 사람이 반은 될 것이고, 새먼핑크처럼 따뜻한 색을 단체복 색으로 쓰면 피부 톤이 차고 눈동자도 검은 사람들은 건강해 보이지 않고 격이 떨어져 보일 것이다. 단체복은 개성이 너무 강한 색보다는 대부분의 사람에게 무난한 무채색(neutral color)을 쓰는 것이 좋다. 무채색도 입는 사람의 자연색에 따라 조금씩 차이는 있지만 개성이 강한 색(너무 차거나, 너무 따뜻하거나, 파스텔 톤처럼 너무 탁하거나, 아이시 컬러처럼 너무 맑은 색)은 어떤 사람에게는 환상적이지만 또 다른 어떤 사람에게는 전혀 그렇지 않기 때문이다.

내 색채 글이 정보가 너무 많다고 한다. 오래전, 동아일보에 연재했던 「색깔 이야기」는 신문 특성상 지면이 제한되어 있었다. 주로 이슈의 중심에 있는 정치인이나 인기드라마의 주인공을 연기하는 연예인의 옷차림에 대해 코멘트하는 식으로 옷의 컬러나 스타일을 분석했다. 흔히 말하는 T(Time), P(Place), O(Occasion)에 대한 언급 등이었는데, 어울리는 색을 입어도 경우에 따라 부적절할 수 있다는 그런 지적 같은, 듣는 사람이 별로 기분 좋을 것 같지 않은 이야기를 했던 것으로 기억한다. 지면이 딱 그만큼이어서 내 분석이론의 근거를 구구절절 설명하지 않았다. 지금은 그때보다 자료가 열 배는 더 많아서 정보가 너무 많을 수 있다는 생각이 든다.

봄 벚꽃이 한창일 때, 오래 못 본 친구에게 보고 싶다는 카톡을 보냈다. 여고시절, 처음 테니스 라켓을 잡았을 때처럼 설레는 마음으로 네 번째 책을 시작하려 한다는 내 계획을 말했더니, 여름 장마가 시작되는 7월에 친구가 분홍색 백합, 스타게이저 한 분을 보내왔다. 힘든 작업을 앞두고 머뭇거리는 내게 용기 내라는 메시지인지 키 큰 꽃대에 '花樣年華(화양연화)'라 쓴 리본을 묶어서.

백합꽃 향기에 취하고 '화양연화' 리본에 감동한 나는 어이없게도 내 인생의 '화양연화'는 '지금'인지도 모른다는 생각을 하는 중이다. 그 작업을 어찌 또 하려고. 2020년 7월

편안한 색 브라운

내게 베이지는 어릴 때도 지금도 특별한 색이다. 어머니가 마지막으로 서울에 오셨을 때, 명동 〈베니스〉에서 맞춰주고 가신 옷이 짧은 재킷에 단추 대신 지퍼가 달린 베이지색 투피스다. 언니가 보여준 책에서 베이지색 옷을 고르고 아래쪽이 약간 넓어지는 디자인의 스커트를 길이만 조금 길게 해 달라 했던 기억이 난다. 미니스커트를 입던 시절이었는데, 스커트 길이가 무릎까지 오는 그 옷을 좋아했다.

학교 전체를 통틀어 여학생이 몇 안 되는 대학 환경에서, 베이지가 눈에 띄는 색이 아니라서 마음이 편했고, 스커트 길이가 짧지 않아 불편하거나 쭈뼛거려지지 않아서 좋았다. 그런데도 대학 때 어머니가 돌아가신 이후 근 사오십 년을 무지개색이 아닌 베이지색도 죄송해서 내내 검은색만 입었다.

가끔 베이지, 코코아 같은 갈색 계통의 색을 입고 싶어서 사기도 하지만 그 편하고 따뜻한 색을 옷장에 걸어놓고 아직 잘 입지 못한다. 생각만 해도 위로가 되는 그 색들을 언젠가는 꼭 입고 싶다. 이제, 내 옷장에 검은색이나 남색[14] 외에 베이지색 정도는 몇 벌 걸려 있으면 좋겠다.

브라운은 레드, 옐로, 블랙을 함께 섞어서 만드는 3차색(tertiary color)이다, 브라운의 범주에 드는 색으로, 노란 쪽으로도 붉은 쪽으로도 치우치지 않는 색은 거의 모든 사람에게 그 사람의 '퍼스널 컬러'와 관계없이 다 잘 어울린다. 베이지색의 '톤(tone)'을 선택하려면, '옐로 베이지'는 따뜻한 색, 붉은 기가 도는 '로즈 베이지'는 찬 색으로 구분하여 피부 톤과 맞출 수 있다. 베이지색은 로 키(low profile)가 필요할 때 선택할 수 있는 최상의 색이기도 하다.

갈색 계통의 색들은 '다른 사람에게 가장 덜 위협적인 색'(the least threatening colour to others)이라 한다. 그래서 갈색을 입으면 신뢰할 수 있는 사람으로 보일 수 있어서 상대방이 편하게 마음을 열 수 있다. 같은 이유로 기자나 시장조사를 하는 사람, 상담을 하는 사람들에게 추천하는 색이기도 하다. 입는 사람이 자신에게나 남에게 가장 진솔할 수 있는, 절대로

---

14) 남색(藍色), 무지개색의 끝, 파랑과 보라 사이의 색, 색 속에 보라색의 기미를 느낄 수 있다.

넘치지 않는 색이 베이지를 비롯한 갈색 계열의 색들이다.

여성의 경우, 밤색(짙은 갈색)이나 초콜릿색을 짙은 그레이나 네이비[15] 대신 정장으로 입으면 편안해 보이고 신뢰감을 줄 수 있다. 요즘은 좀 달라지긴 했지만, 남성의 경우는 갈색이 멋지게 어울리는 사람에게도 비즈니스 웨어(business wear)로 썩 환영받는 색은 아니었다. 오래전의 기억이라 확실치 않지만, 호주에서 처음으로 갈색이 남자들의 비즈니스 웨어로 인정을 받았다고 들었던 것 같다. 아마 갈색이 정장 색으로 받아들여졌을 때쯤 남성복이 캐주얼 쪽으로 가기 시작했는지도 모른다.

우리가 무거운 겨울 코트 대신 체크무늬 라이닝을 댄 베이지색 트렌치코트(trench coat)에 익숙해지기 시작했을 때, 영국의 토마스 버버리(Thomas Burberry 1835~1926)가 만들기 시작한, 방수 기능이 있는 개버딘 트렌치코트, 베이지색 '바바리'(burberry coat)가 이미 세계를 점령하고 있었다. 그때쯤 우리도 조금씩 검은색 겨울 코트가 너무 격식을 차린 건 아닌가 생각하기 시작했던 것 같다.

공식적이거나 정중한 자리가 아니라면 정장 위에도 입는 캐주얼한 바바리코트가 우리 눈에 차츰 아무렇지도 않게 되었다. 그건 어쩌면 베이지색 트렌치코트를 입은 「애수」 *Waterloo*

15) 감색(紺色), '곤색'의 '곤'은 일본 발음, 검정에 가까운 푸른색

Bridge(1940)의 로버트 테일러와 「카사블랑카」 *Casablanca*(1942)의 험프리 보가트 때문인지도.

브라운의 긍정적인 정서(Positive Attributes)는 편안한, 안심시키는, 솔직한, 원기를 북돋우는, 가정적인, 사교적인 등이다. 밝은 갈색의 부드러운 느낌은 불안을 누그러뜨리고 자신감을 회복시키는 데 도움이 된다. 지지, 신뢰, 따뜻함, 그리고 불안한 마음을 다독여 주는 그런 좋은 느낌들은 우리 모두에게 필요하지 않나?

부정적인 정서(Negative Attributes)는 평범한, 지루한, 촌스러운, 세련되지 못한 등이다. 부정적인 정서를 만드는 이유는 이 '안전한' 색을 너무 많이 쓰거나 너무 오래 써서일 수 있다. 그런 경우, 억압적인 느낌을 주거나 우울하게 만들 수도 있다. 갈색의 부정적인 정서를 유머 감각이 없고 지나치게 진지해 보일 가능성이 있다고 하는 색채학자도 있지만, 그 말을 뒤집어, 갈색을 '적당히' 쓴다면, 그 색깔이 가지고 있는 가장 좋은 정서를 누릴 수 있다는 말이 된다. 다른 색들도 그렇지만, 결국 문제는 얼마나 많은 양의 색을 얼마나 오래 쓰는가이다. 그런 이유로 갈색을 유니폼이나 교복 색으로 결정할 때는 한 번 더 생각해 볼 일이다.

회갈색(taupe), 황갈색(tan, umber), 밤색(chestnut), 초콜릿, 마호가니, 골든 브라운, 로즈 브라운, 코코아, 베이지, 그리고 인테리어에 쓰이는 시에나(sienna)[16] 등, 갈색 범주에 드는 색들은 초록색과 마찬가지로 숲이나 자연과 관련이 있는, 가장 자연 친화적인 색들이다. 우리가 사는 집 내부의 마루나 기둥들의 색 대부분이 브라운 계열로 되어 있지만, 그 색들을 가까이 두어도 우리가 '아무렇지도 않고' 마음이 편안한 건 아마 그 색이 자연의 색이어서일 것이다. 베이지(beige)는 하얗게 만들기 전의 양털 색에서 추수할 즈음의 밀밭 색까지이다.

『어린왕자』에서 여우는 닭을 잡아먹지 밀로 만든 빵은 먹지 않아서 그에게 밀은 아무 소용이 없고 밀밭은 그에게 아무런 의미도 없지만, 그가 밀과 같은 색의 머리카락을 가진 어린왕자에게 길들여지면, 밀밭에 부는 바람 소리를 듣는 것도 좋아하게 될 거라 했다.

그 밀밭의 색은 정녕 황금색이 맞는 걸까? 내 생각엔 밀밭 색이 황금색이라 하더라도 그 속에 상당한 양의 짙은 베이지가 있을 것만 같다. 햇빛 아래 끝없이 펼쳐진 밀밭을 보며, 바람에 밀 이삭들이 한꺼번에 이리 눕고 저리 눕는 황홀한 율동에 넋을 잃던, 외할머니의 밀밭 색을 기억하기 때문이다.

반질반질한 흙 마당에서 타작이 끝나는 날이면, 외삼촌은 탈곡하고 난 커다란 짚단 하나를 들고, 외갓집에서 서너 집

16) 이탈리아 시에나 근처에서 나는 흙이 원료인 색으로 철, 망간 성분이 있어 붉은 기가 도는 갈색

건너 높은 곳에 있는 우리 집으로 올라왔다. 날이 궂거나 찬 바람이 불기 시작하면 시도 때도 없이 온몸에 돋아나는 내 두드러기 때문이었다. 우리 할머니는 내가 두 손을 '크로스' 하여 엉엉 울면서 어깨 아래 양 팔뚝을 피가 날 때까지 긁고 있으면, 마당에 놓인 돌절구 속에 짚단을 넣고 불을 붙이셨다. 짚단 한 줌을 손에 쥐고 뒤집어가며 그을려서 불꽃째 탁탁 터신 다음 내 등이며 팔을 쓸어주셨다.

그 의식의 순서들과 조금 따끔거리던 느낌은 생생한데 이상하게도 할머니께서 꺼멓게 그슬린 짚단으로 내 몸을 쓸어주며 읊으시던 주문의 뒷부분이 기억나지 않는다. "두드러기 쓸자, 두드러기 쓸자~"까지는 생각나는데, 그다음에 따라나오던, 운이 잘 맞았던 또 한 소절이 뭐였는지 영 알 수가 없다. 내 온몸을 고루 쓸어주면서 주문을 외는 할머니를 따라 사랑에서 할아버지까지 나오셔서 온 식구가 '두드러기 쓸자'를 되풀이했는데도.

그을린 밀짚단을 절구 위에서 흔들어댈 때, 넓은 마당 위로 검고 붉은 불티가 날리면서 나던 매캐한 냄새는 어린 나를 안심시켰다. 두드러기가 날 때는 늘 속도 울렁거려서 괴로운데, 친할머니, 외할머니 두 분의 주술(?)을 철석같이 믿어서였는지 그 양밥[17]이 시작되면 금방 속이 편안해졌던 기

17) '방법'이라고도 하며 의학적으로 치료효과가 밝혀지지 않은 민간요법

억이 난다. 두드러기가 금방 들어갔는지는 기억나지 않는다. 그건, 그 의식이 계속되는 중에 늘 어머니나 아버지 무릎에서, 불꽃을 털어내도 조금 따끔거릴 정도로 열기가 있는 짚단 세례를 받다 잠이 들어 아침까지 잤기 때문인 것 같다. 그 후에도 오래, 어른이 되고 나이 든 지금도 계속되는 '밀밭색' 베이지에 대한 유별스러운 내 애착이 그 '밀짚 의식'에서 시작되었는지도 모른다는 생각이 들 때가 있다.

두 분 할머님, 그리고 부모님, 나는 살면서 나에 대한 그분들의 '바람'을 한 번이나 생각한 적이 있었던가 하고 반성하다가, 눈을 감고 밀밭 사이로 부는 바람 한가운데 서니, 밀밭색 바람이 온몸을 감싼다. 불티를 털어낸 밀짚의 따끔거리는 세례를 받은 가슴이 따뜻해져 온다.

2020년 8월

뉴턴의 아름다운 실험 -무지개

어릴 때 살던 곳 말고는 마흔이 갓 넘어 일 년간 살았던 케임브리지를 좋아한다. 남편이 첫 연구년을 받았을 때, 영국 문화원에서 셰필드를 추천했지만 내가 케임브리지로 정했다. 문화원 측에서 셰필드를 추천하면서 『폭풍의 언덕』, 『제인 에어』의 배경이 된 Haworth까지 투어도 할 수 있다고 설득할 때는 좀 솔깃하기도 했지만, 살 곳으로는 케임브리지가 더 좋을 것 같았다.

안식년을 다녀온 후에 색채 관련 일로 런던을 방문할 때면 나는 혼자 케임브리지의 강이 보이는 호텔에서 묵기도 했다. 이십여 년이 지난 후, 남편이 정년 하던 해에 서영이가 다녀오라고 해서 얼마간 가 있을 때는 우리가 살던 집에도 갔었는데 동네가 변하지 않고 그대로여서 놀랐다. 거기서는 여행도 좀 쉬워서 유럽도 몇 번 갈 수 있었고 사는 집도 괜찮아서 우리 식구가 다 좋아했었다.

막냇동생이 예쁜 글씨로 써 보내는 봉함엽서는 큰(실제로는 아주 조그마한) 딸 영은이, 한 살 터울로 갓 태어난 조은이 얘기로 가득 차 있어 마치 동화를 읽는 것 같았다. 둘째를 임신하고 달이 차가면서 숨이 차 힘들다고 했는데, 바티칸의 성당에서 다른 관광객들과 달리 동전이 아닌 10파운드짜리 지폐를 넣고, 천식약을 먹으면서 임신 중인 동생이 좀 수월하게 출산할 수 있기를 기도했다. 그다음 날 임신 8개월밖에 안 된 둘째를 낳았다고 해서 우리는 '기적이다' 하고 합창했었다.

그곳에 사는 동안, 일요일엔 킹스 칼리지 콰이어(The Choir of King's College Cambridge, 보이스 콰이어라 하지 않음은 대학생이 반은 섞여 있어서인 것 같았다)가 부르는 아름다운 성가를 듣기 위해 미사에 갔다. 평일에는 서영이가 다니는 체스터튼 커뮤니티 칼리지 앞에서 수업이 끝나기를 기다렸었는데, 학교가 끝나면 교문 밖에 나오기가 무섭게 담배를 꺼내 무는 열두세 살 아이들을 보면서 '설마 저걸 배우진 않겠지?' 하며 좀 불안해했었다.

세 식구가 캠 강 위로 난 좁은 나무다리를 지나 넓은 잔디를 가로질러 대학가로 들어가서 뉴턴이 다닌 트리니티 칼리지 마당에 있는 오래된 분수대(이름만 분수대, 물은 없었음)에 앉아 점심을 먹었다. 오래전 물이 있던 그 분수대에서 시인 바이런이 벌거벗고 목욕을 했다는 이야기를 하며 깔깔대고 웃었던 기억이 난다.

트리니티 칼리지를 졸업한 뉴턴은 졸업 후에 학교에 남아 있다가 1665년에 시작된 흑사병(the Black Death) 상황이 마치 지금 우리의 코로나 상황과 같았는지 이 년여 동안 학교가 닫자 고향에 내려가 있었다. 고향집에 있는 동안 그는 프리즘으로 햇빛을 통과시켜 벽면에 일곱 빛깔 무지개가 굴절되어 나타나는 빛 분해 실험을 했다. 작은 구멍으로 입사된 햇빛이 프리즘을 통해 무지개색으로 분산되고 역으로 그 모든 색깔의 빛이 다시 흰색으로 모이는 실험을 수없이 반복한 그의 실험은 Robert P. Crease[18]교수가 자신의 칼럼 독자들에게 실시한 설문 조사에서 뽑은 '가장 아름다운 과학실험 열 가지' 중 네 번째였다.

우리 부부는 케임브리지에 있는 동안, 우리가 둘 다 문과라 따로 수학 공부도 시키면서 아이가 이과 쪽으로 진로를 정했으면 했다. 수학 과외를 해 준 교수님이 '이 사람은 앞으로 꼭 수학 관련 공부를 하는 게 좋을 것 같다' 했지만 이과

18) *The Prism and the Pendulum*(2003)의 저자. 우리나라에는 부제 *The Ten Most Beautiful Experiments in Science*『세상에서 가장 아름다운 실험 열 가지』를 제목으로 출간되어 있다.

를 졸업한 딸은 결국 인문학을 공부했다. 우리가 대학시절 4년을 낭비한 데 대한 미안함을 피력할 때면 아이는 어른답게 '정신분석에 과학이 필요하다'며 우리를 위로한다.

트리니티 칼리지의 분수대에서 나는 A 레벨(영국의 수능)시험에서 받은 우수한 수학 성적 때문에 아이가 꼭 이과에 갈 줄 알았다. 보이는 게 다가 아닌 걸 너무 늦게 깨달은 거다. 딸은 최근에 직관형인 아버지는 어려운 경제학 책을 읽히는 대신 미래의 큰 그림을 봤어야 했고, 감각형인 엄마는 딸이 어릴 때부터 어떤 걸 좋아하는지 알아볼 수 있어야 했다고 아픈 소리를 했다. 결국 트리니티 칼리지 출신 과학자 뉴턴의 무지개는 내가 접수하는 걸로 우리 가족의 케임브리지 시대가 끝났다.

딸아이가 영국에서 정신분석학을 공부하는 동안, 내가 색채 일로 런던을 오가는 길에 딸에게 가면, 그곳의 대학 기숙사나 렌트하우스 온 집 안에 칠해진 흰색이 편하지 않았던 기억이 난다. 생각해보면 케임브리지의 집도 그랬던 것 같은데, 셰필드에서는 집도 방들도 계단도 좁아서였는지 벽과 창틀을 흰색으로 새로 칠하고 나면 그 탁한 흰색이 답답했다.

괴테 지지자인 비트겐슈타인이 그의 『색채론』*Remarks on Color* 첫머리에 순백색 종이를 눈(雪) 옆에 대면 '옅은 회색'으로 보인다고 한 건 색의 상호작용에 관한 언급이다. 그가 불투명하다(opaque)고 한 그 답답한 흰색을 방의 온 벽, 그리고 우리의 창들과 달리 아래위로 여는 길고 좁은 창을 창틀까지 다 칠했을 땐 답답했다. 우리집 흰색 벽이 답답한 느낌이 덜 한 건 서재와 집 안의 모든 벽에 남편의 책들이 가득 꽂혀 있어서인 것 같다. 결국 문제는 보완하는 다른 색이 없는 것과 흰색의 양이었다.

〈동아일보〉에 연재했던 「색깔이야기」 첫 회를 다이애나 왕세자비의 웨딩드레스에 대한 언급으로 시작했다. 색깔은 clear, warm인 그녀와 맞았지만 스타일이 체형과 맞지 않는다는 이야기를 했었다. 그녀가 007 영화의 시사회에 입고 나온 잘 어울렸던 스트레이트(straight) 라인의 드레스와 비교해서 썼는데, 어울리지 않아 불편해 보였던 드레스처럼 편하지 않았던 그녀의 결혼생활에 대한 연민의 마음으로 쓴 글이었다.

막냇동생이 입었던 웨딩드레스는 순백색이었다. 어머니의 정갈한 흰색 모시 적삼을 떠올리게 했던 동생의 웨딩드레스 자락에서 나는 무지개를 보았었다. 오랜 외로움의 끝이라 믿었기 때문이었다. 그때는 그랬다. 그 무지개 한 색 한 색이 현실이 되어 빛나는 꿈을 꾸어왔다. 동생을 챙기지 못한 마음의 빚 때문에 내가 소망하던 꿈이었는지도. 작은아이 조은이가 따뜻한 남자를 만나 결혼해서 행복하게 살고 있고, 큰(지금도 여전히 몸집이 작은)아이, 이영은 세실리아가 미국의 코로

나 한가운데서 박사를 끝내고, 하루가 넘는 비행시간 동안을 물 한 모금 마시지 않는 단식으로 버틴 끝에 한국으로 돌아와 모교에서 강의 두 과목을 맡게 되었다. 서류들을 제출하고 마음 졸이며 기다리다 강사임용이 확정된 날, 나는 제 엄마 웨딩드레스에 어리던 꿈 하나가 이루어지는 걸 느꼈다. 영은이가 미네소타의 'Black Lives Matter' 시위 속에서 빠지지 않고 성당에 나가 성가대를 지휘하고 기도처럼 노래하던 모습을 그곳의 가톨릭 방송으로 보며 "걱정 대신 기도"를 반복하던 시간들이 잘 끝나 감사하다.

괴테는 흰색을 가장 고상한 색이라고 하면서 피부색 관련 인종차별로 보이는 언급을 하고, 빨간색을 언급할 때도 '야만인' 운운 발언을 한다. 이백 년이 지난 지금, 우리는 그 차별적인 내용들이 옳지 않음을 안다. 이미 죽어서 반박할 수 없는 뉴턴에 대해 분노하고 그의 광학에 대해 폄하하는, 심지어 증오하는 그를 우리는 어떻게 보는 것이 옳을까? 그 둘이 동시대의 존재들이었다면 싸우면서 서로의 오류를 바로잡을 수 있지 않았을까? 영국의 뉴턴과 독일의 괴테 두 사람에 대해 후대의 학자들이 대리전을 하는 것만 같은 양상은 마치 뉴턴과 라이프니츠의 미적분에 관한 오랜 논쟁처럼 시간만 보내는 건 아닐지.

지금은 무지개에 대해, 죽고 없는 뉴턴에게 그가 마치 사기를 치기나 한 듯이 딴지를 거는 사람들도 있다. 고작, '무지개가 일곱 색이 아닌데 뉴턴이 음악의 일곱 음계와 맞추느라 분리했다'는 정도인데, 대단한 시빗거리는 아닌 듯하다. 무지개를 보고 잠시 동심으로 돌아가 행복하면 되는 거지, 눈으로 볼 수 있는 가시광선 다섯 가지를 일곱 가지로 나누었다고 해서 뭐가 문제 되는지 이해할 수 없다. 빨강에서 노랑으로 가는 길에 '오렌지'가 있고 파랑에서 보라로 가는 길에 '인디고'가 있으니 없는 걸 끼워 넣은 것도 아니지 않나?

'괴테의 감각 인상을 전제로 한 『색채론』은 뉴턴의 과학을 기초로 한 『광학』과 애초에 비교할 수 없는 분야라는 생각이다. 독일의 물리학자이며 철학자인 바이츠제커는 하이네를 인용하면서 뉴턴의 방법은 바다 위를 항해하는 선박들이 등대를 보고 방향을 잡는 것이고 괴테의 방법은 하늘의 별을 보고 항로를 잡는 것이라 했다고 한다. 이 말이 내게는 지극히 '괴테적'으로 들린다. 과학자 뉴턴의 광학과 수많은 과학 실험을 했지만 여전히 인문학자, 시인, 소설가인 괴테의 색채론을 비교하면서 어느 쪽이 옳다고 할 수는 없을 것 같다.

흰색의 정서

흰색은 우아한, 순결한, 자유로운, 꿈꾸는 듯한, 정직한, 신선한, 현대적인 등과 같은 느낌 이외에 무색의, 깨끗한, 추운,

중성의 느낌도 준다. 위생이나 병원 같은 곳이 연상되기도 한다. 블랙과의 대비로 강한 인상을 줄 수 있고 뉴트럴 컬러와 함께 입으면 우아한 멋을 낼 수 있다. 그레이, 핑크, 라벤더, 블루 등과도 잘 어울린다.

나는 흰색 하면 어릴 때 할아버지 친구분 몇이 사랑에 드나드실 때 입고 오시던 모시 두루마기와 할아버지 장례식에서 어머니가 입었던 흰 무명옷이 떠오른다. 음식 참견을 하시느라 치마 한 자락을 허리끈 속으로 조금 끌어올려 입으시고 마당을 바삐 걸어 다니실 때 입으셨던 상복의 흰색이다.

이제 내게 남은 건 나를 용서하는 일이다. 나를 보호자로 생각했던 막냇동생에게 보호자가 되지 못했던 죄책감을 가슴에 묻어 두고, 아름다운 무지개를 모아 세상에서 가장 순수한 흰빛으로 가는 여정을 잘 마무리할 수 있기를 기도한다. 내 안에 오래 자리해온 아름다운 무지개를 조심스럽게 거두어 다시 가장 단아한 흰 빛으로 돌아갈 날을 기다리며 세상의 모든 아름다운 인연들에 감사하는 일만 남은 것 같다.

2020년 9월

볼프강 보르헤르트의 잿빛 그리고 민들레

왼쪽 팔이 갑자기 아프기 시작해서 어깨부터 손목까지 살이 찢어지는 것 같은 통증을 보름 넘게 엉엉 울면서 참았다. 많이 아파 봐서 아픈 건 잘 참는다고 생각했는데, 류머티즘 내과 예약 날까지 뜨거운 찜질로 버티는 게 너무 힘들었다.

통증을 누그러뜨리느라 종일 핫팩을 계속하면서 진통 소염 로션들, 선물 받은 멘톨이 들어있는 호랑이 크림 다섯 개와 류머티즘 내과에서 처방해준 남아 있던 파스도 다 썼다. 밤 동안에 팔에 도배했던 파스를 떼고 핫팩을 하면 피부를 물고 떨어진 파스 자국이 따갑다. 거기에 안티푸라민 로션, 멘소래담 등을 바르면, 「지구를 지켜라」[19]가 따로 없다. 그 크림이나

---

19) 영화 「지구를 지켜라」에 나오는 장면으로 외계인을 찾아내느라 피부를 벗긴 후 물파스를 바른다.

로션들이 진통 효과가 있는 것 같았지만 아픈 건 여전히 못 참을 정도였다.

호스피스 팀 동료들과 북한산 둘레길을 걷다가 미처 움푹 파인 바닥을 못 보고 넘어져서 왼쪽 발목뼈 하나가 부러졌을 때, 정형외과 교수님이 죽어도 통 속에 못 들어간다는 내게 MRI를 못 찍으면 확실한 결론을 내릴 수 없다며 그냥 석고만 붙여준 생각이 나서 미리 병원에 가도 별로 할 게 없다고 생각했었다.

염증 검사 등이 다 괜찮다는 류머티즘 내과 교수님께 팔이 많이 아프다고 엄살(말이 그렇지 정말 많이 아팠으니까)을 심하게 해서 당일 예약으로 재활의학과 진료를 받을 수 있었다. 최근 진료에서 약을 줄이자고 하던 교수님이 수치가 다 좋으니 이제 스테로이드를 끊어도 될 것 같다는 말씀을 할 것 같은 타이밍에 내가 제대로 듣지도 않고 팔이 아파 죽는다고 난리를 했더니 '조사'를 해보면 된다고 했다. 아프기 시작했을 때 바로 진료를 받았어야 했던 거다.

재활의학과 선생님은 초음파로 팔을 훑고 나서 힘줄이 상한 것 같다며 팔꿈치 관절에 있는 하얀 석회를 초음파로 보여주었다. 관절 위에 약을 뿌리겠다는 별로 무섭지 않은 말과 다르게 주사는 뼈 가까이여서 아팠다. 팔이 어깨부터 손목까지 아프다고 했더니 교수님은 그걸 '전이 통증'이라 했다. 병원에서 효과가 있다고 한 핫팩을 계속하고, 처방해 준 크림으로 마사지를 하면서 '전이 통증'을 명상하다가 나는 그 통증이 아주 오래전에 내가 느낀 적 있는 '아는 통증'이라는 생각이 났다.

볼프강 보르헤르트[20]의 작품들 속에 나오는 잿빛들, 동토의 전장과 병원과 감옥을 오가면서 겪은 통증과 굶주림, 고독과 고통으로 가득 찬 그의 글을 읽으면서 내가 몸으로 느꼈던 그 통증이 바로 '전이 통증'이었던 거다. 나는 쉽게 공감하고 쉽게 전이되는 사람이다. 호스피스에는 좋은 성질인지 모르지만 그렇다 해도 남의 일에나 제 일에나 시드 때도 없이 눈물바람 하는 건 좀 그렇다.

볼프강 보르헤르트의 시와 산문에는 색깔이 많이 나온다. 가장 많이 나오는 색은 잿빛이다. 잿빛 이외의 다른 색들도 다 어둡고 슬프다. 심지어 '보랏빛'을 항구의 시궁창 색이라고까지 했던 것 같다. 보르헤르트의 첫 산문 「민들레」는 스무 살에 전쟁에 나가서, 전장과 감옥, 병원, 다시 수감 그리고 다시 또 전장으로 끌려다니던 그가 미결수로 3개월간 뉘른베르크 감옥의 독방에 수감되었을 때의 체험을 바탕으로 쓴 글이다.

그는 잿빛 담장 안에 갇힌 재소자 77명과 하루에 30분 동

20) Wolfgang Borchert(1921~1947) 독일의 시인, 극작가

안 같이하는 '원을 그리며 돌기' 중에 발견한 노란 민들레를 전장에서 작전을 하듯 치밀한 전술을 써서 따는 데 성공한다. 그는 드디어 살아있는 생명, 노란색 민들레를 감방 안으로 들여와 양철 물 잔에 담는다. '위도 텅 비고 가슴도 텅 빈'이라던 그는 마당을 돌며 발견한 노란 점이 한 송이 작은 민들레임을 알고 나서, '민들레를 소유하는 대가를 지불해야 한다면 나는 날마다 배급받는 빵을 전부 줄 수도 있었을 것'이라 했었다.

죽음이 지척에, 바로 앞에 걷는 사람에게 일어나는 잿빛의 현실 속에서 민들레는 노란 점으로 그의 고독 안으로 단번에 들어왔다. 민들레를 두고 432호 독방의 병든 수감자인 주인공은 "그 꽃의 순결한 서늘함을 마치 아버지의 목소리처럼 느낀다."고 한다. 그는 독방으로 돌아와 노란 민들레꽃을 물 잔에 담아놓고 나서 그의 꽃과 마주 앉아서 말한다. "모든 것을 벗어 던지고 훌훌 털어버릴 정도로 아주 홀가분하고 행복했다. 갇힌 신세, 외로움, 사랑에 대한 굶주림, 스물두 해 동안의 속수무책 상태, 현재와 미래, 세상과 기독교 -그렇다. 이런 것까지도!"

그의 작품에는 색채상징이 많다. 거의 모든 작품에 등장하는 잿빛은 전쟁과 함께 시작되어 전후에 그가 겪은 고독과 굶주림, 병과 폐허를 상징하는 색인지도 모른다. 글에 나오는 잿빛 외의 색들마저 내 눈엔 모두 잿빛이 덧씌워져 있는 것 같다. 그가 말하는 색채들조차 왜곡되어 본연의 색 그 자체가 아니다.

김완선의 「가장무도회」를 떠올리게 하는 볼프강 보르헤르트의 시 「전설」의 전문이다.

> 저녁마다 그녀는 잿빛
> 고독 속에서 기다리며 행복을 동경한다.
> 아, 그녀의 눈동자 속에 슬픔이 둥지를 트는 것은,
> 그 임이 이제 돌아오지 않는 까닭이다.
>
> 어느 날 밤 아마도 어두운 바람이
> 마법을 걸어 그녀를 가로등으로 변하게 했다.
> 그 불빛을 받으며 행복한 연인들은
> 나직이 속삭인다. 난 널 좋아해….[21]

김완선의 「가장무도회」 앞부분

> 해가 지면 거리는 잿빛 화장하고
> 언제나 표정 없는 얼굴로
> 사랑하지 않아도 애인 될 수 있는
> 외로운 사람들이 축제를 하네

색채상징은 대부분의 사람들에게 보편적으로 통하는 정서

---

21) Wolfgang Borchert 『볼프강 보르헤르트 전집: 그리고 아무도 어디로 가는지 모른다』 박병덕 옮김, 현대문학 참조.

를 말하지만, 개인이 경험한 사적인 사건이나 그가 속한 특정한 문화 속에서 이루어지고 있는 독특한 정서가 형성되어 있다는 것을 전제한다. 개인이 느끼는 색에 대한 사적인 정서는 다양해서, 빨간색을 보고 '사과'나 '꽃'을 연상하고 좋아하는 사람이 있는가 하면 빨간색을 보면 피를 떠올리며 불편해하는 사람도 있다. 그가 과거에 그 색깔과 관련하여 어떤 경험을 했는가가 사적인 색채상징의 주요한 관건이 된다.

회색의 변주

회색은 흰색과 검은색을 섞어서 만드는 색으로 흰색, 검은색과 마찬가지로 일반적인 의미의 색이라고 할 수 없다. 그런데도 우리는 흰색(white color), 회색(grey color), 검은색(black color)이라 부른다. 어린 시절 해를 뚫어지게 바라보다가 눈을 감으면 빨간색의 보색인 초록색이 보이는 실험(?)을 했다. 그건 바로 보색으로 시신경이 평형을 이루는 회색을 만드는, 눈이 하는 작업이다. 나는 첫 색채 책에서 그 과정을 설명하면서 회색을 오랜 친구처럼, 해로한 부부처럼 편한 색이라 했다. 그때는 젊어서, 나이가 들면 부부가 그렇게 시신경에 부담을 주지 않는 회색처럼 편안할 거라 생각했던 것 같다. 배려가 많아지는 건 맞는 것 같지만 그렇게 편한 건 아닌 것 같다. 서로 조심하고 배려하면 다 편한 관계라 할 수 있나?

그냥 회색이 편한 색이라는 말이다.

회색이 흰색 쪽으로 기울면, 흰색의 정서인 고립된 느낌을 줄 수도 있지만, 흰색의 순수함과 명료한 사고 등 긍정적인 정서를 같이 드러낼 수도 있다. 회색은 고요하고 요란하지 않은 색으로 그 속에서 우리는 안전함, 편안함을 느낀다. 또한 슬픔이나 우울감을 가중시키고 방향성을 잃게 할 수도 있다.

회색이 검정 쪽으로 기울면, 검은색의 정서인 물(동양에서는 검정이 물을 상징한다)의 성질로 인해 영감을 주는 원천이 되기도 하지만 검정 쪽으로 지나치게 치우치면(검정을 너무 많이 섞으면) '억압적인' 느낌을 줄 수 있고 검은색의 부정적인 정서인 어둡고, 우울하고, 숨막히는 분위기를 만들기도 한다. 조금 검은 회색은 '신중함', '지혜', '불변성' 같은 긍정적인 느낌을 줄 수 있다. 이도 저도 아닌, '회색분자'라는 말도 이런 정조에서 나왔을 것이다.

회색에 흰색이나 선명한 색상(vivid colors)을 같이 써서 대비를 만들면 드라마틱하게 완벽한 느낌을 연출하는 데 효과적이다. 회색은 아무리 검정에 가깝게(잿빛 정도로) 가져가도 검정과는 달라서 장례식이나 상복을 연상하게 하진 않는다. 심지어 잿빛은 남자들이 입는 최고의 정장 색이 아닌가?

팔이 나으면 제일 먼저 옷장을 정리하려 한다. 그리고 수십 년 입어온 상복, '애도하는 검은색' 정장들을 한 벌로 입진 않을 생각이다. 432호 독방에 갇힌 그가 잿빛의 담장 안에서 노란 점으로 그에게 온 민들레를 발견한 것처럼 나도 잿빛 코트에 노란 민들레 색 스카프를 두르고 나를 살게 한 좋은 기억만 보듬을 생각이다.

2020년 10월

겨울이 오면 봄은 멀지 않으리

창을 가득 채우는 단풍을 보려고 거실 커튼을 올리곤 한다. 아직 가을이 한창인데 어느새 떨어진 이파리들이 집으로 올라오는 비탈길을 덮고 있다.

좀처럼 낫지 않는 팔 통증을 다스리느라 병원 진료과목이 늘다 보니 할 수 없이 외출을 하게 된다. 바깥 걸음이 편하지 않은 세월 탓에 근 일 년 가까이 길어진 머리를 만지기도 성가시다. 병원 봉사를 하면서 2층 의료기 파는 곳을 지날 때면 항암치료 후유증으로 머리카락이 성글어진 환자들에게 선물하려고 사두었던 모자 몇 개가 남아 있던 생각이 났다.

봉사자가 암에 걸리면 얼마간은 환자를 볼 수 없는 호스피스 팀 내규에 따라 한동안 쉰다는 게 시간이 많이 지났다. 갑상선암 수술 후에 경과가 좋지 않아 회복하는 데 시간이 오래 걸렸다. 의사가 권하는 로봇수술을 했지만, 차라리 목 앞쪽에서 바로 갑상선을 떼는 게 맞았다는 생각을 할 때가 많다. 겨드랑이를 뚫고 가슴 위쪽으로 해서 목의 갑상선까지 들어가다가 가슴을 찢어놓는 바람에 몇 달 고생을 했다. 어떤 방식이 더 좋으냐고 했을 때 의사는 카메라가 여러 대 들어가서 잘 볼 수 있는 로봇수술이 당연히 더 낫다고 했었다. 갑상선까지 가는 과정 때문에 수술시간이 오래 걸려서 마취를 많이 했는지 숨이 돌아오지 않아 지옥 같은 시간을 보낸 것도 그랬고 수술비도 비교할 수 없을 정도로 많이 비쌌다.

말기 환자들을 만나 상담하고, 기도하고, 위로하며 십 년 넘는 세월을 보냈는데 입장이 바뀌고 나서, 내가 환자들과 보낸 시간들, 호스피스를 위해 받은 교육들, 힘들게 준비하던 봉사자 교육 등 많은 일들을 생각하니 그런 내 노력들이 환자들에게 도움이 되기나 했었나 싶어 갑자기 허무해졌다. 결론은 환자에게 필요한 건 봉사자의 기도나 위로보다는 수술을 집도하는 의료진의 전문적인 지식이나 기술, 환자에 대한 배려라는 생각을 하게 되었다. 수술 후, 팀 동료들이 내 병실로 찾아왔을 때의 그 불편함이라니.

다행히 남아 있는 모자들은 내가 좋아하는 테라코타와 검은 머리에 편한 검정, 회색, 그리고 피부 톤이 따뜻한 이들을 돋보이게 하는 감(柿)색(persimmon), 보라색까지, 가을 팔레트의 색들이라 다 괜찮았다. 테라코타나 보라색은 너무 눈에 띌 것 같아 맘 편한 옅은 갈색 모자를 골랐다. 팔은 여전히 통증이 가시질 않아 뼛속까지 아프고 쓰리고 따가워서 힘든데, 좋은 기억보다 나쁜 기억이 더 많은 병원이라 정말 다시는 가고 싶지 않지만 그럴 수는 없어서 반은 회색인, 영화에 나오는 백발 마녀(임청하) 같은 긴 머리를 모자로 대강 마무리했다. 평소에는 집에서 병원까지 얼마 안 되는 거리인데도 차로 다녔지만 주차 안내를 받는 것도 귀찮아서 걸어서 가기로 했다.

「색채에세이」 연재를 준비 없이 시작했다. 「푸른색」은 마침 미완성의 원고가 있어서 첫 글은 써 보냈지만, 다음 글부터 어떻게 접근을 해야 할지 방향이 정해지지 않은 상태로 시간을 보냈다. 그러다 언뜻 영국의 낭만주의 시인 셸리가 자기보다 어린 키츠의 죽음을 애도하는 시 *Adonais* 중 한 시절(詩節), '인생은 여러 가지 색유리로 된 천장과 같아서'가 생각났다. 병약했던 키츠가 영국의 차고 축축한 날씨를 피해 유럽의 온화한 기후에서 신병을 치료하기 위해 로마로 갔지만 힘든 여행 끝에 날씨마저 나빠서 오히려 병이 악화되고 말았다.

*Adonais*는 키츠가 스페인 계단 옆 호텔에서 사망하자 셸리가 그를 애도하며 쓴 비가이다. 그러나 셸리 자신도 다음

해 바다에서 풍랑을 만나 익사 사고로 생을 마감한다. 키츠가 스물다섯, 셸리는 막 서른이 되기 직전이었다.

이 긴 시의 끝부분에 나오는 '인생은 여러 가지 색유리로 된 천장과 같아서'라는 시절(詩節)의 '색유리'가 생각나서였는데, 여러 가지 색의 유리로 된 천장과 같은 인생을 짓밟아 산산조각 낸다는 시지만, 내게 먼저 떠오른 건 친구 쥴리가 선물한 컬러테라피 책 앞에 제사로 쓰인 *Adonais*의 한 시절이었다. 잔인하게 다가온 급작스런 사고 같은 죽음이 아닌 '아름다운 스테인드글라스의 둥근 천장'이었다. 그건 내가 남은 날 동안 천장의 스테인드글라스처럼, 영원의 흰빛 광휘를 물들이다가 고요한 가운데 천천히 스러지는 황혼처럼 그렇게 삶의 마지막을 맞고 싶은 소망 때문일 것이다.

인생은, 여러 가지 색유리로 된 천장과 같아서
영원의 흰빛 광휘를 물들인다.
죽음이 그것을 짓밟아 산산조각 낼 때까지.

Life, like a dome of many-colour'd glass,
Stains the white radiance of Eternity,
Until death tramples it to fragments.

젊은 사람들의 죽음은 질병까지도 가슴 아픈 사고일 것이다. 호스피스에서는 나이 들어 병들고 약해지는 우리 생애 마지막 여정인 죽음을 끝이 아닌 삶의 한 과정이라 교육한다. 이십 대의 시인에게 죽음은 삶을 짓밟아 산산조각 내는 사고로 여겨졌을지도 모른다. 그의 시로 「색채에세이」 앞부분을 시작했으니 마지막을 그의 다른 시, 「서풍에 부치는 노래」로 끝내려 한다. 내게 있어서 마지막 「색채에세이」, 「겨울이 오면 봄은 멀지 않으리」는 가을에 부치는 나의 노래이기도 해서다.

셸리, 키츠, 바이런[22]은 비슷한 시기에 활동한 영국의 낭만주의 시인들이다. 서른 살의 나이로 요절한 천재 시인, 바람처럼 자유롭게 살고 싶었던 이상주의자 셸리가 쓴 시 「서풍에 부치는 노래」 *Ode to the West Wind*를 천천히 읽어 내려가시던 백발의 이호근 교수님의 아름다운 모습을 기억한다. 고등학교 때 30대 후반이던 영어 선생님이 왜 그랬는지 문장 앞에 'Darling,'을 붙여서 칠판에 적으셨던 서풍의 마지막 문장, "If winter comes, can Spring be far behind?"(겨울이 오면 봄은 멀지 않으리)를 좋아했다. 그때는 겨울을 견디면 헤아릴 수 없이 많은 봄이 당연하게 올 줄 알았으니까.

셸리는 「서풍에 부치는 노래」 첫머리에서 가을바람이 나무

22) Percy Bysshe Shelly(1792~1822), John Keats(1795~1821), George Gordon Byron(1788~1824)

에서 떨어뜨린 이파리들과 씨앗들을 땅속에 쓸어 묻으면, 그것들이 추운 겨울 동안 땅속에서 '모양이 바뀌고' '분해되고' '변화되어' 봄이 오면 다시 싹이 나고 꽃이 피는 과정을 화학적인 변화로 표현한다. 그의 서정시에 나타나는 그런 과학적인 사실들을 두고 철학자 화이트헤드는 "셸리가 백 년만 늦게 태어났더라면 20세기는 화학자들 가운데 뉴턴과 같은 인물을 낳을 수 있었을지도 모른다"고 했다.[23]

오 거친 서풍, 그대 가을의 숨결이여
너, 보이지 않는 존재로 인해 죽은 이파리들은
마술사로부터 도망치는 유령들처럼 쓸려 다닌다.
…
겨울이 오면 봄은 멀지 않으리

O wild West Wind, thou breath of Autumn's being.
Thou, from whose unseen presence the leaves dead
Are driven, like ghosts from an enchanter fleeing.
…
If winter comes, can Spring be far behind?

시인은 자신이 어린 시절 그랬던 것처럼 그렇게 거침없는 서

23) A. N. Whitehead(1861~1947), *Science and the Modern World*, 제5장 「낭만주의적 반동」. 오영환 옮김, 서광사 참조

풍에게 자유를 향한 그의 이상을 세상에 널리 퍼뜨려 달라 부탁한다. 서풍에 부쳐 자신의 이상을 펼칠 세상을 염원하며 겨울 다음에 올, 새 생명으로 부활하는 새로운 세상, 봄을 기다린다.

집으로 올라오는 비탈길 양쪽에서 갈색 아치를 만들어 귀갓길을 맞아주는 느티나무가 마음을 따뜻하게 한다. 오래지 않아 나뭇잎들이 다 떨어져 우리들의 마음을 더없이 쓸쓸하게 할 때쯤에 겨울이 올 것이다. 그리고 봄이 오지 않겠는가? 우리에게 봄이 허락된다면 말이다. 나이든 이들의 가을이 유독 쓸쓸하고 슬픈 까닭은 언젠가는 겨울 다음에 다시 봄이 오지 않을 것임을 알기 때문 아닐지. 설령 그렇다 할지라도 원망도, 후회도, 상처도, 병도, 사랑까지도 내 삶의 무게를 천천히 내려놓고 겨울 저녁녘의 황혼을 오래 사랑하고 싶다.

12월 호로 「색채에세이」 열 번의 연재를 끝냈다. 의욕적으로 시작했지만, 내용이 친절하지 못하다는 말이 맞는 것 같다. 8월 말부터 몸이 많이 아팠다. 10월 호 원고를 보내면서 팔 통증이 너무 심해서 마지막인 것처럼 써 보냈지만 내 생각대로 되지 않았다. 책을 받아보고 내 글에서 비슷한 단락이 반복되는 부분에서는 얼굴이 달아올랐지만 스스로 위로했다. 많이 아팠고 힘들었으니까.

막상 연재를 끝내려고 하니 「색채에세이」를 시작하기 전에 한 일 년쯤 준비하는 과정이 있었으면 좋았을 걸 그랬다는 생각이 들었다. 많은 자료를 찾아 읽고 많이 생각하고 썼지만, 열 번의 에세이가 내 마음에 충분히 차지 않는다.

우리는 옷을 통해 다른 사람과 소통한다. 옷이 언어와 마찬가지로 자신을 표현하는 수단이기 때문이다. 옷은 항상 말을 한다. 옷이 메시지라는 말이다. 입는 사람이 선택해서 입지만, 우리가 선택하는 옷(색과 스타일 둘 다)에 관한 한 상대방이 하는 평가를 우선적으로 고려할 필요가 있다. '미적 판단과 심미적 직관의 보편성을 무시하고 선택한 색채나 디자인은 기괴한 인상을 주기 때문이다.'

옷도 말도 행동도 겸손하고, 적절하고, 품위 있게 선택하면 발이 땅에 닿는다. 2020년, 미국의 대통령 선거에서 새 대통령의 당선이 확실시되었을 때, 거리를 가득 채운 군중 속에서 팻말 하나가 눈에 띄었다. "Decency Matters"(품위가 중요하다). 천박한 누군가를 떠올리고 든 팻말이라 짐작하지만, 생각에도, 말에도, 행동에도, 그리고 정치에도 품위가 있어야 한다는 말인 것 같다. 우리가 선택하는 색, 우리가 하는 말이나 행동이 결국 우리의 '품위'를 드러내기 때문이다. Decency matters.

2020년 11월

사계절 이론

사계절 이론을 소개하면서 쓴 첫 색채 책을 다시 읽어보았다. 사계절 중 가을은 슬프고 봄은 예뻤다. 내가 우리나라에 처음 사계절 이론을 소개한 1989년에만 해도 전문적인 용어인 'Personal Color(어울리는 색)'라는 개념 자체가 없었다. 그냥 어울린다고 하는 말을 보기 좋다는 의미로 들으면 되는 정도였다.

오래전, 내가 가르치던 교양 영어 교재에 백화점 넥타이 매장에서 매장의 매니저와 고객이 나누는 대화였는지 넥타이가 남자의 눈빛과 잘 어울린다고 하는 말이 나온다. 그때 이미 어떤 사람들은 눈빛과 타이가 어울린다는 말을 하고 있었다. 사람의 눈빛이나 피부색, 머리카락 색깔과 특별히 잘 어울리는 색깔이 있다고 처음 말한 사람은 1919년 독일의 바이마르에 설립된 조형학교 바우하우스의 유명한 마이스터이며 컬러리스트인 요하네스 이텐이다. 그가 학생들을 지도하는 과정에서 발견한 주관색(subjective color) 개념을 패션 쪽에서 도입하여 발전시킨 이론이 바로 '옷 입는 법', '화장', '의상 계획'의 지침이 되는 '사계절 팔레트 이론'이다.[24)]

'사계절 이론'에서 색은 각 계절 봄, 여름, 가을, 겨울의 자연색들을 의미한다고 보면 별 무리가 없을 것 같다. 봄 색깔이 어울린다고 하면 봄의 자연색이, 여름 색깔이 어울린다고 하면 여름의 자연색, 그리고 가을 색이 어울리는 사람이라 하면 가을의 자연색, 겨울 경우는 겨울의 자연색이 어울리는 사람임을 뜻한다고 보면 된다.

동의학에서는 사람의 생년월일을 가지고 음양오행을 따지고 오운육기(五運六氣)상의 장기(臟器)의 허실을 살펴서 청, 적, 황, 백, 흑의 색깔을 처방한다. 간은 목(木)이므로 청색이고, 봄에 해당한다. 방위로 동쪽이어서 좌청룡 즉 푸른 용이 방위신인 동쪽의 색깔이다. 심장은 화(火)여서 붉은색이고 여름에 해당하며 방위는 남쪽, 방위신은 주작(朱雀)이다. 비장은 토여서 황색으로 늦여름 또는 각 계절의 환절기에 속한다고 한다. 방위는 중앙으로 본다. 폐는 금(金)으로 백색이고 가을에 해당한다. 방위는 서쪽이고 우백호, 즉 흰 호랑이가 방위신이다.

---

24) 요하네스 이텐의 세계적인 저서 『색채의 예술』 *The Art of Color*

신장은 수(水)로 흑색이다. 계절은 겨울이고 방위는 북쪽으로 그 방위신은 현무이다.

일본의 판타지 소설 『음양사』*The Yin Yang Master; Dream of Eternity*를 일본에서는 2001년에 1편, 2003년에 2편, 중국에서는 2020년에 영화로 만들었는데 영화에는 음양오행, 주작이나 현무 같은 존재가 등장한다. 한국, 일본, 중국이 서로 다른 문화도 많지만 어떤 면에서는 동아시아라는 동일한 문화권에 속한다는 생각이 들기도 한다.

색깔을 생년월일과 연관시켜 오운육기를 적용해서 좋은 색깔이라고 가르쳐 준다면 그것은 생년월일로 본 그의 체질상 특별히 보호해 주어야 할 오장육부 중의 어느 장기에 해당하는 색, 즉 그 장기를 상생하는 색을 쓸 수 있다는 뜻이고, 어느 장기가 기운이 너무 강해서 그 기운을 쳐주어야 할 경우에는 그 장기의 색을 상극하는 색깔을 추천한다는 뜻이다.

내가 1989년에 처음 소개한 사계절 이론은 사람의 생년월일 대신 그 생년월일을 있게 해주신 부모님의 유전자가 정해준 우리의 타고난 자연색, 즉 머리카락 색, 눈빛, 피부색과 관계되는 이론이다. 부모 중 한쪽을 닮거나 둘을 조금씩 섞어 닮는 것이 자식들이다. 이모, 고모, 삼촌까지 갈 수도 있지만 근친의 누군가와 전혀 닮지 않은 경우는 드물다. 부모에게서 물려받은 우리의 유전자가 정해 주는 그 색깔들은 우리들의 머리카락, 피부, 눈빛을 특징 짓고 그러한 우리들의 신체 색깔들은 그 신체에 가장 잘 어울리는 색깔들을 결정하는 중요한 단서들이 된다. 그렇다면 사람마다 조금씩 다른 각자의 자연색과 그 자연색에 특별히 잘 어울리는 색깔의 그룹은 어떠한 것일까? 어떤 색채심리학자들은 색깔의 중요성에 대한 언급을 하면서 '컬러 비타민(Color Vitamin)'이라는 말을 쓸 정도이다.

봄 사람의 특징

봄 사람은 발랄하고 나이에 비해 젊어 보인다. 그들은 따뜻한 느낌을 주는 갈색의 머리카락과 눈을 가졌다. 갈색의 부드럽고 윤기 있는 머리카락이 아름다운 사람이 많다. 가끔 아주 검은 머리카락과 흰 피부가 대비를 만드는 사람도 있지만 봄 사람의 머리카락은 대체로 갈색에 가깝다. 동양인인 우리가 보는 관점이다. 내가 색채분석 이론을 배울 때, 내 머리카락 색이 한국인의 머리카락 색치고는 갈색이라 생각했는데 그 사람들은 검은색이라 했다.

봄 사람의 눈빛은 갈색으로 그 시선에 힘이 있어 강한 느낌을 준다. 얼굴색은 대체로 희고 투명한 사람이 많고 뺨의 홍조는 핑크빛이라기보다는 피치 톤의 복사꽃 같은 느낌이다. 봄 사람 중에는 섬세한 피부를 가진 사람이 많아서 얼굴에 기미 같은 잡티가 생기기 쉽지만 그런 경우에도 안색은 여전히 밝고 환하다. 갓 돋아난 봄의 새싹이나 봄꽃의 사랑스러움이 봄 팔레트의 전체적인 느낌이다. 예쁜 색깔들이라고 할까, 유치한 색깔들이라고 할까.

봄 팔레트의 색깔들

아이보리, 웜 베이지, 캐멀, 미디엄 골든 브라운, 라이트 웜 그레이, 라이트 클리어 네이비, 브라이트 골든 옐로, 옐로 그린, 애프리콧, 라이트 오렌지, 피치, 클리어 새먼, 브라이트 코랄, 코랄 핑크, 오렌지 레드, 미디엄 바이올렛, 라이트 페리윙클 블루, 클리어 브라이트 아쿠아, 에메랄드 터코이즈, 골드 톤 액세서리

여름 사람의 특징

여름 사람은 조용한 성격의 우아하고 클래식한 느낌의 사람들이 많다. 여름 사람에게는 부드러운 파스텔 톤이 가장 아름답다. 대체로 검은 머리, 검은 눈빛을 가졌고 부드러운 검은 머리, 부드러운 눈빛이 여름 사람의 특징이다. 더러 눈빛이나 머리카락이 노란 사람도 있지만 따뜻한 느낌보다는 붉은 기가 도는 찬 느낌의 갈색이다. 드물게 초록빛이 어리는 갈색 눈을 가진 여름 사람도 본 적이 있다. 그런 경우에

도 그 갈색은 붉은 기를 띠고 있어서 여름으로 판정하는 데 별 어려움이 없다. 피부는 붉은 기운이 눈에 띄게 느껴지는 사람과 창백한 사람이 있다. 분홍빛 홍조를 보인다.

여름 팔레트의 색깔들

소프트 화이트, 로즈 베이지, 코코아, 로즈 브라운, 라이트 블루 그레이, 차콜 블루 그레이, 그레이드 네이비, 그레이 블루, 파우더 블루, 스카이 블루, 미디엄 블루, 페리윙클 블루, 파스텔 아쿠아, 미디엄 블루 그린, 딥 블루 그린, 라이트 레몬옐로, 파우더 핑크, 파스텔 핑크, 로즈 핑크, 블루 레드, 버건디, 라벤더, 오키드, 라즈베리, 소프트 푸시어, 실버 톤 액세서리

가을 사람의 특징

가을 사람은 부드럽다. 부드럽고 깊은 눈빛과 부드러운 피부색을 가진 그들은 누구나 쉽게 친근감을 가지게 되는 그런 사람들이다. 갈색 눈동자와 갈색 머리카락이 따뜻하고 부드러운 인상을 만들어 낸다. 봄 사람과 마찬가지로 가을 사람도 나이가 들면서 머리가 골고루 희어지지 않지만 일단 완전한 그레이가 되고 나면 누구보다도 멋진 웜 그레이가 된다. 그러나 그때까지는 가을 사람도 염색을 하는 편이 보기 좋다. 원래의 갈색 톤이 나는 염색약을 택하는 것이 자연스럽다. 아주 검은색이나 붉은 기도는 머리 색깔은 얼굴을 칙칙

하게 만든다.

가을 팔레트의 색깔들

오이스트 화이트, 웜 베이지, 커피 브라운, 다크 초콜릿 브라운, 마호가니, 캐멀, 골드, 옐로 골드, 마스타드, 펌킨, 테라코타, 딥 피치, 새먼, 오렌지, 오렌지 레드, 다크 토마토 레드, 라임 그린, 옐로 그린, 모스 그린, 올리브 그린, 제이드 그린, 포리스트 그린, 터코이즈, 딥 블루, 딥 페리윙클 블루, 골드 톤 액세서리

겨울 사람의 특징

완숙의 아름다움이 가을의 것이라면 겨울은 스스로 죽어서 봄을 잉태하는 계절이다. 순백의 눈과 칠흑같이 어두운 겨울 밤이 만들어 내는 흑과 백의 드라마틱한 대비나 한 방울의 색깔을 떨어뜨린 얼음물과 같은 아이시 컬러와 어둡고 탁한 낮은 채도의 찬색들의 대비가 연출하는 최상의 아름다움이 겨울의 드라마이다. 검은 머리, 검은 눈동자, 흰 얼굴 그리고 얼굴에 도는 붉은 기가 겨울 사람의 특징이라 할 수 있다. 살빛이 노란 기(sallowness)가 도는 경우도 있다.

겨울 팔레트의 색깔들

퓨어 화이트, 라이트 트루 그레이, 미디엄 트루 그레이, 차

콜 그레이, 블랙, 그레이 베이지, 네이비블루, 아이시 그린, 아이시 옐로, 아이시 아쿠아, 아이시 바이올렛, 아이시 핑크, 아이시 블루, 로열 블루, 핫 터코이즈, 차이니즈 블루, 레몬옐로, 트루 그린, 에메랄드 그린, 파인 그린, 쇼킹 핑크, 핫 핑크, 푸시어, 로열 퍼플, 브라이트 버건디, 블루 레드, 트루 레드, 실버 톤 액세서리

자연의 신비는 차디찬 색깔들끼리 만나서 어우러지고 부딪치면서 가장 따뜻하고 고운 봄의 색깔들을 예비하게 한다. 봄의 꿈을 젊고 푸르게 숙성시키는 계절이 여름이라면 가을은 인생의 완숙기처럼 무르익는다. 그러나 태어난 곳으로 돌아가는 가을 잎의 쓸쓸한 혼들은 우리를 깊은 우수에 잠기게 한다. 자연은 새로운 계절의 등장 시간을 어기는 법이 없는 것처럼 다음에 올 또 다른 계절의 아름다움을 위해 그 무대를 비워주는 시간도 잊지 않는다. 옛사랑은 눈물처럼 흘러가고 새로운 사랑은 미소처럼 다가오고….

빨강, 노랑, 초록, 파랑, 보라는 색깔의 이름이다. 내가 하는 작업은 어떤 빨강, 어떤 노랑 같은 우리가 같은 이름으로 부르지만 명도나 채도 바탕색 같은, 색의 조금씩 다른 성질들을 다루는 일이다. 대체로 봄과 겨울은 명쾌한 색상들로

채도가 높다. 겨울 팔레트의 많은 짙은 색들이 채도와 명도가 다 낮지만 아이시 컬러 같은 맑고 투명한 색깔들도 있다. 여름과 가을 팔레트의 색들은 채도가 낮다. 파스텔 톤이 많아서 탁한 성질은 같지만 여름 경우는 푸른색이나 분홍색이 많고 가을은 갖가지 그린과 갈색, 그리고 오렌지 계통이 많다.

우리가 입는 옷의 반은 바로 이 색깔들이 좌우한다. 오래전 우리 가족이 잠시 살았던 혜화동 집 거실은 한 면이 다 창이어서 바깥 정원의 대추나무는 삼층 서영이 방 창밖까지 자라 가지 가득 대추알을 매달고 있었고 초여름엔 작약을 내다볼 수 있었다. 붉은 벽돌을 그대로 살린 거실 벽에 내 컬러 차트를 걸 수 있는 것도 괜찮았다. 미국의 어려운 상황에서 박사를 끝내고 돌아온 영은이가 아주 작은 아이일 때 혜화동 집 거실에 걸린 내 컬러 차트를 가리키며 “꼭 무지개 같아”라고 말했었다. 다섯 살 영은이는 평창 자기네 집에서는 무지개를 본 적이 없다며 다음에 이모네 와서 봐야겠다고 다짐했다. 그때 막냇동생이 살던 평창의료원 사택에서는 창밖으로 길게 놓인 평창강을 볼 수 있었다. 나는 영은이에게 여름날 여우비가 내릴 때 창 아래 걸상을 놓고 올라가 평창강을 보고 있으면 강 위에 무지개가 뜰 거라 말해 주었다.

사람을 처음 보는 순간, 불과 몇 초 안에 우리는 상대방을 거의 파악한다. 그리고 색깔은 그러한 판단의 중요한 단서가 된다. 어떤 색깔을 입었을 때 상대방이 받는 나에 대한 인상은 내가 바라는 것이든 아니든 전혀 주관적인 것이어서 통제할 수 없다. 그러나 통계를 믿는다면 도움이 될 수 있다. 첫 인상을 결정하는 요인 중에 그 사람이 하는 말은 겨우 7퍼센트에 지나지 않는다는 오래된 통계도 있다. 말보다 보이는 것이 더 힘이 있다는 지적이다.

찬 사람/ 따뜻한 사람 • 찬 색깔/ 따뜻한 색깔

찬 사람이라고 하는 말은 그 사람의 성격이나 그 사람의 인상이 차다는 뜻이 아니다. 여기서 차다고 하는 것은 그가 가지고 있는 타고난 자연 그대로의 신체 색들, 즉, 머리카락, 눈, 피부의 색깔이 찬 색임을 의미한다. 따뜻한 사람이라는 말의 의미는 그의 신체 색들이 따뜻한 색임을 의미한다.

처음 컬러 분석을 받을 때 색채분석 교육과정을 총괄하는 퍼스널 컬러 시니어 컨설턴트는 동양인을 대부분 찬 색으로 분석하고 어울리는 색으로 찬 색을 추천했었다. 그러나 우리들 중에 상당히 많은 사람이 갈색이 많은 머리카락, 갈색이 많은 눈동자를 가졌고 그런 사람에게는 아이보리나 갈색 또는 오렌지가 잘 어울린다.

*『수필문학』에 「색채에세이」를 연재하는 동안 '사계절 이론'에 대한 문의들이 있어 내 첫 색채책의 중심내용들을 요약했다.

2

아모르파티
(Amor Fati)

겨울, 그 하얀 정적

겨울의 차가운 하얀색을 좋아한다. 생긴 지 얼마 되지 않은 시청 앞 지하도를 지나 방 식구들이 단체로 몰려가던 명동, 성당 맞은편 건물 4층에 있던 고전음악 감상실 '크로이첼'(Kreutzer), 우리는 대학 시절 마지막 두 학기 정도를 한 주일에 서너 번은 그곳에 갔다.

더러 학교에서 늦어 저녁을 거르고 바로 가는 날도 기숙사 친구 누군가는 거기에 있었다. 늦은 시간에 가끔 소설가 H가 흰 코트를 입은 창백한 그의 연인과 앉아 있는 모습이 보이기도 했다. 늘 무지개 같던 명동이 겨울엔 눈이 오지 않아도 순백으로 느껴졌었다. 눈이 와서 세상이 하얗게 덮였으면 하는 내 바람이 겨울을 그렇게 느꼈던 건지도.

성당 문이 닫히는 열 시에 맞추느라 하이힐을 신고 뛰어가던 겨울밤의 시청 모퉁이를 생각하면 늘 가슴이 먹먹해진다. 내 젊은 날의 꿈 하나가 기숙사로 들어가지 않고 그곳에 남아 있기 때문이다.

새벽까지 눈이 내린 날, 젖은 머리에 방에서부터 미사포를 쓰고 새벽 다섯 시 미사에 들어갔던 기억이 난다. 기숙사 방에서 일 분 만에 갈 수 있는 지하 성당에서 신부님과 수녀님 그리고 우리 몇이 차가운 바닥에 방석을 깔고 꿇어앉아서 미사를 드렸다. 겨울 새벽에 드리는 그 미사를 좋아했다. 새벽에 드리는 짧은 미사 가운데, 스스로 초대한 겨울의 한기 안에서 내가 살아서 세상을 견뎌내고 있다는 사실을 확인할 수 있었던 것 같다.

젊은 날의 어느 겨울을, 나는 젖은 머리카락 끝에 달린 작은 얼음 알갱이처럼 그렇게 투명하게 기억한다. 대학 시절 후반부 기억의 대부분이 크로이첼, 그리고 겨울 새벽에 드리던 지하 성당 미사와 함께한다. 성공회 정동 대성당의 수녀원 기숙사에 살던 대학 때 말고는 그 후에 새벽 다섯 시 미사에 간 적이 없다.

새벽에 너무 일찍 잠이 깬 날도 지금은 아침 미사에 가지 않는다. 딸아이가 공부하러 가 있던 몇 년 동안은 대학 때처럼 다섯 시 미사는 아니었지만 매일 정동 대성당 아침 미사에 나갔다. 막냇동생이 가고 나서는 그 아이가 세례를 받고 결혼식을 올린 명동성당에서 십 년 넘어 아침미사에 연미사를 넣기도 했다. 남편이 성공회성당에서 세례를 받기 전까지였다. 지금은 그냥 이른 시간에 잠이 깨면 식구들이 나올 때까지 거실 밖 발코니에 나와 가만히 앉아 있곤 한다. 그 새벽의 정적이 견딜 만하다. 겨울 들어 두 번째 꽃이 피는 제라늄 화분 하나가 주황색에 가까운 빨간색으로 발코니를 환하게 밝히고 있기 때문이다. 겨울 새벽의 한기를 견디는 데 그 정도 빨간색이면 되는 거였다.

어느 해 겨울, 쓸쓸해진 화단을 좀 따뜻하게 만드느라 화분 반을 붉은색 안스리움으로 채웠더니, 그 겨울이 내내 불편했다. 빨간 꽃받침(꽃으로 보이는)을 서너 개씩 이고 있는 화분들이 꽃받침 하나가 색이 어두워질 때쯤이면, 봄 여름만큼은 아니어도 새로 나온 이파리 아래쪽에서 금방 새 꽃받침이 올라오는 바람에 빨강이 너무 많아져서였다. 아이 방 창밖에 있는, 봄에 분홍색 꽃이 피는 보라색 난초 화분들과 거실에서 보이는 안스리움 화분을 바꿔 놓느라, 화분 열 개를 양쪽으로 바꿔 배치하다 보니 결국 스무 개를 더 옮겼다. 큰 화분은 밀어서 옮겼는데도 몸살을 심하게 한 건 딱하지만 그래도 마음은 편했다. 사주에 나만큼이나 물이 많다는 서영이 방 앞이 온통 빨간 꽃밭인 건 괜찮은 것 같았다.

아이가 나가 살다가 내가 많이 아플 때 리모트 컨트롤로

하는 참견이 한계가 있었는지 제집을 비워놓고 차에 정장 몇 벌 싣고 와서 한동안 출근을 하더니 아예 집으로 들어왔다. 학교도 더 가까워졌다고 하지만 공부할 때부터 오래 떨어져 살아서 같이 사는 게 불편할 텐데 내색을 않는다. 아이는 결국 그다음 해 받은 첫 연구년도 아픈 엄마 때문에 제대로 쓰지 못했다.

내 건강이 웬만해져서 괜찮다고 몇 번 말해도 못 들은 척해서 생각해 낸 게 옷 정리다. 딸이 나중에 정리하려면 그것도 일인데 싶어 아파서 그동안 못 하던 옷장을 정리하기로 한 거다. 보통 연말쯤에 일 년 동안 한 번도 입지 않은 옷을 정리하지만, 올해는 오래 면역억제제를 먹고 있는 내가 병원 진료나 검사 말고는 외출을 거의 하지 않고 있어서 옷 대부분을 지난 일 년간 입지 않은 상황이다.

그래도 안 입을 옷을 빼낼 생각으로 우선 옷장에 걸린 옷들을 다 꺼내 침대 위에 올려놓았다. 따로 걸린 코트와 남편 옷은 꺼내지도 않았는데 옷이 많다. 학교에 나갈 때 입었던 옷들은 영어를 가르칠 때 입었던 옷들과 '옷과 색'을 가르칠 때 입었던 옷들이 좀 다른데, 그중에 편하게 입을 수 있는 니트 정장들과 원피스들을 다시 옷장에 걸다 보니 그것도 적지 않다. 옷이 이런데 다른 건 달랐을까?

남편은 책을 많이 사지만 많이 내간다. 들여온 만큼 내가

야 책꽂이가 버틴다는 게 책에 관한 그의 변명이다. 정년 하면서 학교에 있던 책들 중 구하기 어려운 책들은 학교 도서관으로, 필요한 책은 집으로, 나머지 책들은 새로 생긴 대학으로, 그러고도 남은 책들은 운임을 주면서 정독 도서관 등에 보냈다. 그런데도 집안의 모든 벽을 두 겹으로 덮고 있는 책장에 책들이 많다. 남편은 책을 정리하는 데 시간을 많이 보낸다. 그럴 때 남편이 행복해하는 것 같아서 우리는 '책을 정리하는 일'(지금은 술을 안 마신다)을 아빠가 하는 '놀이'라 부른다. 공부도 '놀이'면 '일'과 '놀이'가 동일하니 행복한 게 맞다. 남편이 그러는 동안 나는 내가 하는 '일'이 반이라도 '놀이'였을까.

남편이 '마지막 작업'이라 부르는 문학사 집필을 주로 오피스텔에서 하고 있어서 문학사 관련 책들은 그곳에 쌓여 있는데, 다 쓰고 나면 내갈 거라 거기 둔다고 몇 번씩 말한다. 집으로 오는 소설책은 매달 심사가 끝나면 학교 도서관으로 보낸다. 새로 나온 소설들이라 도서관에서 받는 모양이었다. 필요하지 않은 물건이 쌓여 있으면 불편하다면서 책들을 사는 만큼 내가는 남편의 괜찮은(자기 말로) 습관을 같이 살면서 못 배운 것 같다. 오래된 물건도 오래된 기억도 쌓아두고 사는 내가 옷을 정리하다 따라 나오는 기억의 편린들을 두고 하는 반성이다.

나는 스스로 늘 욕심은 없는 사람이라 생각해 왔다. 그런데 문득 돌아보면 꼭 그랬던 건 아닌 것 같다. 아이에게도 나 자신에게도 대강 넘어간 적이 없다. 그래서 늘 고단하고 힘들었다. 아이도 그랬을 것이다. 이제 와 생각하니 내 인생의 겨울을 위해 그리 많은 빨간색이 필요한 것도 아니었다. 칠흑 같은 겨울밤, 그리고 그 오래된 검은색을 하얗게 덮는 정적을 견디기 위해 단지 초록 잎사귀 위에 핀 빨간 꽃 몇 송이면 충분했는데, 그렇게까지 했어야 했나…. 미국 시인 휘티어(John Greenleaf Whittier, 1807~1892)가 "세상에서 말과 글로 표현할 수 있는 가장 슬픈 말"이라 한 "그때 내가 그렇게 했더라면 좋았을 텐데(It might have been)"를 나는 또 곱씹는다.

2020년 12월

발코니 풍경

겨울 끝자락부터 새벽이면 발코니에 나와 창밖 벚나무를 살핀다. 적당히 떨어져 자리 잡은 오래된 벚나무 두 그루가 꽃을 피우고, 꽃 사이로 이파리들이 나와 넓은 창을 가득 채우면, 적어도 시월까지는 거실 창의 스크린을 맨 위까지 올릴 수 있기 때문이다. 발코니에 나와 앉는 시간이 많아지는 사월부터는 하루 한두 시간씩 화분들을 만지다가 창틀에 뿌려놓은 쌀알들이 줄면 다시 내다 놓곤 한다.

화초를 잘 뽑아버리지 않는데 어제 분갈이를 하다 보니 알로카시아 두 줄기가 잎이 여느 때 같지 않았다. 큰 알로카시아가 하나 있어서 시원찮은 화분을 정리하면 로즈마리를 창쪽으로 옮겨놓을 수 있겠다 싶어 뽑다 보니 하나는 알뿌리가 따로 놀고 있어서 쉽게 뽑았는데 하나는 뿌리가 많이 뻗었는지 잘 뽑히지 않았다. 어쩌다 물을 좀 자주 주어서인지 화분 아래 잔뿌리들이 엉켜서 원래 뿌리가 숨이 막혔던 것 같았다. 그래서 물을 주면 잘 내려가지 않았던 거였다. 제 뿌리건 남의 뿌리건 물길을 막으면 안 되는 건데. 잎은 시원찮아도 뿌리가 괜찮은 거 하나는 잔뿌리들을 잘라내고 다시 심을 걸 그랬나 싶어 마음이 잠시 그렇긴 했다.

그런데 어젯밤에 알로카시아 꿈을 꾸었다. 꿈에 잘 자란 알로카시아 서너 줄기가 발코니 한쪽 키 큰 알로카시아 화분 옆에 비스듬히 내 키만 한 높이로 편안하게 서 있었다. 버리면서 조금 망설이긴 했지만 꿈에까지 나올 줄이야. 급기야 식구들 몰래 쓰레기통에 넣었던 식물을 도로 찾아내 구겨진 줄기는 버리고 뿌리를 꺼내 왔다. 후회하면서. 살면서 제대로 살피지 않고 버린 것들이 풀 나무뿐이었을까.

오래전에 버린 내 꿈들을 가끔 꺼내 본다. 사십 대 초반에 처음 큰 수술을 했다. 수술 준비로 하루 미리 입원한 날 나는 환자복 위에 코트만 걸치고 병원 뒷문으로 외국어대학 캠퍼스로 넘어가서 통역대학원 원서를 사 왔다. 그날 저녁까지만 해도 다시 공부할 생각이었다. 지금 생각하면 그 계획이 제 목숨을 걸고 한 다짐이었던 것 같다. 내 잘못이 아니라는 생각이 나를 더 힘들게 했고 어떻게든 견뎌보려고 붙들고 일어설 목표가 필요했었는지도.

무섭기도 했지만 마음이 너무 힘들던 상황이라 수술하러 들어가면서 수술실 문이 쾅 하고 닫힐 때, 통역대학원 원서 따위는 내 마음에 없었다. 무서워서 그랬는지 억울해서 그랬는지 그 순간 모든 걸 다 그만두고 싶었던 나는 다시 눈 뜨지 않게 해달라고 기도했었다. 그래서였는지 수술 후 내가 깨어나질 않아서 두 시간 걸린다던 수술이 여덟 시간이 걸렸다. 깨어나지 못하는 동안 정신 차리라고 따귀를 얼마나 때렸는지 얼굴이 퉁퉁 부어 있었다고 했다. 어떻게 해도 눈을 뜨지 않을 때 '눈 떠' 하며 뺨을 때리면 의식이 돌아오기도 한다는 설명을 듣긴 했다.

간호학과에 다니던 막냇동생이 혹시 수혈이 필요할까 해서 친구들과 같이 수술실 앞에서 여덟 시간을 기다렸다고 했다. 그러는 동안 남편이 무슨 짓을 했는지 막내가 정신이 든 내게 '큰언니 형부한테 잘해야 해' 하면서 울었다. 그날 수술실 문이 내 발끝에서 쾅 하고 닫힐 때 내가 했던 못된 기도 때문에 나는 평생 딸에게 미안하다.

아침 먹으면서 멋있게 비스듬히 서 있던 알로카시아 꿈 이야기를 했더니 딸이 '엄마가 후회하고 있어서 그런 꿈을 꾸셨나 봐요' 한다. 후회하는 것마다 꿈에 나오면 꿈꿀거리 참 많겠다.

2021년 3월

가을의 끝,
자작나무 숲의 환상

가을 들판에 곡식이 가득할 때는 몸이 좀 힘들어도 견딜 만하다. 기온이 낮아지면 나무들이 엽록소 대신 노랗고 빨간 색소들을 올려 보내 이파리들을 물들인다. 가을이 깊어진 다음에도 예쁘게 물든 단풍이 있어 그렇게 쓸쓸하지 않다. 숲에 나뭇잎이 떨어져 쌓이고 들판의 곡식들을 거둬들이고 나면 황금색이 사라진 곳에 더러 검게 태운 자국들까지 더해져서 그때는 마음이 허허벌판 같아진다. 그래서 가을의 끝은 연락이 끊어진 친구처럼 마음을 쓸쓸하게 한다.

친구가 보여주던 가을 들판은 나를 어린 시절 고향으로 데려다주곤 했다. 그러나 가을 끝자락에 그가 렌즈에 담던 자작나무 숲은 겨울을 향해 뻗은 검은 가지 아래 너무 차가워 보이는 흰 칠한 기둥 줄기가 느닷없이 앞을 막는 것 같아 숨이 막혔다. 친구가 좋아하는 자작나무 숲에 가면 난 늘 소름이 돋았다.

여학생이 두 명뿐이던 대형 강의실은 중간중간에 기둥 몇 개가 서 있었다. 수강생이 백 명은 되어 보이던 그 강의는 수강 신청 변경 안내를 늦게 받은 내가 선택할 수 있는 유일한 과목이었다. 한 주가 지난 다음에 조금 늦게 들어간 강의실에는 학생들이 가득 차서 가운데 통로 쪽, 중간보다 좀 뒤에 여러 명이 앉는 긴 의자 하나가 비어 있었다. 교수님이 보이는 통로 쪽에 앉았는데 원래 강의실에서 내가 좋아하는 자리는 좀 앞쪽이었지만 그런대로 마음에 드는 자리였다. 옆자리가 비어 있어서 다행이다 했는데 강의가 끝날 때 봤더니 세 시간 강의 언제쯤 들어왔는지 의자 중간 자리에 사람이 앉아 있었다. 앉은키가 나보다 훨씬 컸다. 한 주 늦게 들어가서 내가 앉은 자리가 원래 그 사람이 앉던 자리였나 했지만, 그 후에 내가 늦게 가는 날도 그 복학생(안 물어봐서 확실치 않지만)이 의자 가운데 자리에 앉아 있어서 같은 자리에 그냥 앉았다.

그 복학생은 한 학기 내내 한자리 비우고 옆자리에 앉으면서 눈인사도 없이 말 한마디 안 건네고 겁주더니 학기말 시험 시간에 책 한 권 다 읽고 가느라 밤새고 어질어질하면서 강의실에 들어간 내가 앞에 있던 기둥이 얼굴을 덮치는 이상한 경험을 하게 했다. 휴게실 소파까지 어떻게 갔는지는 기억나지 않는다. 꼭 그 사람 탓이 아니었을 수도 있지만 좀 불편했던 건 사실이다.

가슴을 써늘하게 만드는 그런 이상한 느낌이랄까, 그런 공포에 가까운 위압감 같은. 러시아 민화 속 자작나무 숲까지 포개져 어마어마해진 눈앞의 흰 숲에서 왜 하필 그 이상한 선배를 떠올렸는지. 혹시 그 선배가 베트남전에 다녀와서 복학을 했는지도 모르겠다는 생각이 갑자기 드는 건 뭐지? 재시험을 보러 오라는 연락을 받고 연구실로 찾아갔을 때 교수님은 기말을 아파서 못 본 거니 중간고사 성적으로 학점을 주겠다고 했다.

일이 끝나면 친구와 같이 서둘러 나가곤 하던, 마치 산책 같았던 짧은 여행(?)들, 그때 마주치던 강과 언덕과 산자락을 잊지 못한다. 우리가 함께했던 십 년이 넘는 짧지 않은 시간 동안 서울서 차로 두세 시간이면 갈 수 있는 예쁜 길들을 많이도 돌아다녔다. 멀리 나가도 대관령을 넘어갈 정도는 아니었던 그 목적지들은 친구가 새벽에 사진 동아리 회원들과 출사를 다닌 곳이라 했다.

대관령 옛길은 새 고속도로가 생기기 전에 수없이 지나던 길이었지만 그 자작나무 숲의 흰 나무 그림자들을 자세히 본 기억이 없었다. 동생이 살던 강릉을 다니면서 대관령에 들어서기 전에, 운전을 하면서도 멀미를 하는 내가 멀미 각오를 하며 잠시 쉬던 그 휴게소에 차를 두고, 친구는 마치 동네 골목길을 가듯이 아무렇지도 않게 성큼성큼 걸어서 나를 자작나무 숲 한가운데에 서 있게 하곤 했다. 전체 풍경을 둘러볼 새도 없이 숨이 차게 따라간 내게는 흰색으로 가득한 그곳이 마치 순간이동을 한 것처럼 그렇게 생경한 분위기랄까 그랬다. 친구는 겨울에 들어가는 자작나무 숲이 더 좋다고 했다.

몇 년 전 내가 많이 아파서 운전을 하지 않을 때는 혼자 움직이는 일이 쉽지 않아 가까운 거리도 동행이 없이 나갈 수 없는 형편이었지만 그전까지만 해도 자작나무 숲을 보려고 대관령 옛길로 들어서기 전의 그 휴게소에 몇 번 차를 세우기도 했다. 그 자작나무 숲에 친구의 기억이 있어서였다.

어릴 때 아버지께서 우리가 앉아 놀던 데마도[25] 창틀에 흰 페인트를 적신 납작한 붓으로 대강 초벌칠을 마쳤을 때처럼 거칠어 보이는 자작나무의 흰색은 난데없이 내가 가끔 씁쓸한 느낌으로 기억하는 불편한 선배를 떠올리게 했지만, 또 한편으로는 친구 덕분에 강의실 가운데 있던 기둥이 눈앞을 덮치던 나의 흑역사를 담담하게 기억할 수 있게 된 것 같기도 하다.

언젠가 친구는 풀밭에서 네잎클로버 열 개를 찾아준 적이

---

25) 出窓: 벽 밖으로 쑥 나오게 만든 창문

있다. 나는 그 네잎클로버를 Argos 쇼핑 카탈로그 안에 펴서 넣어 두었다. 그러나 네잎클로버가 상징하는 행운은 그냥 나폴레옹의 것일 뿐이었는지 우리는 헤어졌다. 친구가 일을 그만두었기 때문이었다. 친구와 내가 팀 안에서 서로 하는 일이 달라서 그쪽에서 어떤 일이 일어났는지 자세한 경위를 알 수 없었지만 팀 전체와 소통이 없는 상황에서 벌어진 일이었고, 급작스레 통고받은 친구의 면직이어서 생각을 정리하고 상황을 조정할 경황이 없었다. 우리가 알게 되었을 때는 이미 상황이 종료되고 홈페이지에 사과인지 유감인지를 표명하는 짧은 기사가 올라온 다음이기도 해서였다.

내가 친구에게 연락하지 않았던 건 공교롭게도 우리가 서로 생각이 달라 좀 서먹했던 일이 있었던 후여서, 마음이 불편했지만 잘 모르는 일에 대해 의견을 이야기할 수도 없었다. 다른 동료들처럼 쉬다가도 시간이 지나면 다시 나올 수 있을 줄 알았고 당연히 우리가 다시 만나 오래 함께할 줄 알았다. 친구를 만나지 못한 채 몇 해가 지나자, 좀 불편했어도 진작 연락을 할 걸 그랬다는 생각에 가을이 끝날 무렵, 단풍이 성글어질 때쯤이면 마음이 울컥할 때가 있다.

나는 가을 여행이 좋아서 일이 끝나면 친구 얼굴을 쳐다보곤 했다. 친구는 가을은 쓸쓸해서 차라리 겨울이 더 좋다고 하면서도 오래된 은행나무 단풍을 보러 가던 유명산 길 곡선

구간에서 절절매는 나 대신 운전대를 잡아주었다. 겨울에도 눈이 많이 오는 날이 아니면 친구는 거의 매주 꽤 멀리 나갔다 돌아오는 산책길에 나를 초대했다. 운전을 잘해서인지 친구가 타는 집채만 한 SUV는 마치 기차를 탄 것처럼 편안했다. 돌아오는 길에 친구가 다시 서울로 오지 않을 때만 내가 차를 가져갔다. 어느 날 차에서 내리기 전 친구는 '가을이 끝날 때쯤은 너무 쓸쓸하다'며 가을에 하는 이별이 제일 나쁜 것 같다고 했던 것 같다. 그래서 차라리 겨울을 좋아한다고 했는지도.

친구가 일을 그만둔 그때쯤, 휴대전화 번호 앞자리가 일괄 010으로 바뀌면서 우리는(엄밀히 말하면 '나는') 연락할 길이 없어지고 말았다. 아들까지 세 식구가 다 태권도 유단자라던 그 집 식구가 다 합치면 16단인지 얼마인지라 했던 생각이 나서 솜씨 좋은 엄마가 텃밭의 푸성귀들로 차려낸 풍성한 식탁에 거구 셋이 둘러앉은 상상을 하고 속으로 '와~' 할 때가 있다. 가을이 아니어도 마음이 쓸쓸한 날, 010으로 시작해 내게 익숙한 번호에 숫자 하나를 더해서 여덟 자리를 만들어 전화를 해본다. 그런 식의 조합이 만드는 모든 경우의 수를 죽기 전에 다 만들 수 있을지 모른다 하면서.

2019년 11월

내가 꿈꿀 수 없을 때

「When I Grow Too Old to Dream」

We have been gay
Going our way
Life has been beautiful
We have been young
After you've gone
Life will go on
Like an old song we have sung

When I grow too old to dream
I'Il have you to remember
When I grow too old to dream
Your love will live in my heart
So kiss me, my sweet
And so let us part

And when I grow too old to dream
That kiss will live in my heart

내가 너무 나이 들어 꿈꿀 수 없을 때
당신을 기억할 거예요
내가 너무 나이 들어 꿈꿀 수 없을 때
당신의 사랑이 내 마음에 남아 있을 거예요
그대 내게 키스해주세요
그렇게 우리 헤어집시다
내가 너무 나이 들어 꿈꿀 수 없을 때
그 키스가 내 마음에 남아 있을 거니까요

대학 때 단짝 친구 계실과 즐겨 부르던 노래다. *The Sound of Music*의 노랫말을 쓴 Oscar Hammerstein의 시에 헝가리 태생의 Sigmund Romberg가 곡을 붙였다. 우리는 노랫말이 너무 예뻐서 가사를 곱씹어 가며 부르곤 했다. 아마 한 사람이 떠난 다음, 너무 나이 들어 꿈꿀 수 없어도 당신을 기억하겠다고 하는 노래를 아름다운 사랑 노래로 생각했던 것 같다. 오래 기억하겠다고 하니까.

그런데 이제, 나이든 지금, 난 이 노래가 슬프다. 이별 이야기이기 때문이다. 여고 시절 누군가가 첫사랑과 결혼하면 재미없지 않냐고 했었다. '첫사랑은 이루어지지 않아야 아름답다'고. 정말 그게 아름다운 걸까?

여자대학을 나온 친구들이 믿지 않아도, 나는 결혼 전에 연애 비슷한 사건에 연루(?)된 적이 그렇게 많지 않다. 첫눈에 반하는 그런 사랑이 환상적이라 생각했던 적도 있었을 텐데 내게 첫눈에 그런 운명적인 사랑을 만날 행운은 없었던 것 같다. 아마 내가 가지고 있던 좋은 남자라는 조건은 친구들과는 좀 달랐는지도 모른다.

아버지라는 존재가 내게 때린 배신감이 너무 커서였는지 어떤 사람과 편하게 지내다가도 그가 조금 다른 종류의 호감을 보인다거나 연애 감정 비슷한 분위기를 만들었다 하면 뒤도 안 돌아보고 끝내곤 했으니 연애가 잘 될 수 없었다. 몇 번의 과잉방어 중에는 분명 내 실수가 있었을지도 고른다. 그렇게 인연이 지나갔을지도. 그러나 인생이 원래 그런 거라면. 최면에 잘 걸리지 않고 수술할 때 마취가 잘되지 않는 내 체질 때문인지도.

며칠 전에 독감 예방주사를 맞으려고 병원에 갔다. 내 병원 이력을 훤히 알고 있는 선생님은 '사전연명의료의향서'를 내겠다는 내게 '아직' 아니라고 했다. 선생님은 호스피스에 매달 후원금을 내는 의사들 중 한 분이고 스탭 회의에서도 가끔 만나서 내 호스피스 이력도 아신다. 선생님에게 환자들이 시간을 끌며 고통 속에서 의미 없는 항암치료를 받거나 연명치료를 받는 그런 과정이 나이 드니까 무섭고 싫다고 말할 필요는 없는 것 같아서 그냥 '자식한테 못할 짓인 것 같아서'라 했더니 본인은 정월에 매년 바꿔 쓰는 유서에 연명의료에 관한 의사를 밝힌다고 했다. 남편과 같이 왔다고 말하는 내 등을 떠밀며 진료실 밖으로 나온 선생님은 기다리고 있는 남편에게 아직 '그럴 때'가 아니라고 했다. 내가 연명의료의향서를 내겠다고 했더니 남편이 같이하자고 해서, 딸에게 한소리 들어가며 결혼 48주년 기념일에 꼭 해두고 싶었던 일 하나 하려고 한 건데 그렇게 됐다.

내가 먼저 간 다음에 남편이 오래 가슴속에 나를 기억하길 바라진 않는다. 지금까지 병시중 안 시킨 것, 정치바람에 휩쓸리지 않은 것만으로도 충분히 고맙기 때문이다. 평생 새벽까지 책상 앞에서 공부하느라 시간이 없어서 정치 문제건 사회 문제건 어려운 일 없이 지나갔던 게 자기 말마따나 자폐로, 대인기피증으로 살아와서이기도 했겠지만, 그렇다 해도 고마운 건 고마운 거니까.

반대로 남편이 먼저 가고 내가 혼자 남으면 나는 날마다 남편을 소환할 것 같다. 엮어대면 온통 서운하고 아쉬운 일 천지기 때문이다. 강원대 정승옥 교수가 전하기를 사람들이 남편을 두고 '은둔형' 학자라든가 '대표작도 없고 실패작도 없다고 한다' 했을 때 '대표작이 없다'는 말이 정작 억울한 건 나였다.

새벽까지 공부하고 새벽까지 술 마시고 그렇게 죽고 싶으

냐는 내게, 남편은 "눈이 아파서 도저히 책을 볼 수 없는데 일찍 들어오면 또 공부해야 해서~"라고 대답하곤 했다. 그중 한 반은 사실임을 알기에 '대표작'이 없다는 말에 나는 동의할 수 없다. 공부하는 남편과 살면서 내가 포기해야 했던 것들, 잃어버린 것들이 얼마나 많은지 아무도 모를 것 같아 하는 말이다. 내 눈에 남편이 쓴 모든 글은 다 '대표작'이다. 그렇다 해도 김인환과 산 세월이 억울한 건 억울한 거다.

오래전 '너무 나이 들어 꿈꿀 수 없을 때, 그때 당신을 기억 하겠다.'는 가사가 좋아서 부르던 노래가 오늘은 슬프다. 어릴 때는 사랑 노래인 줄 알았는데 지금 와 생각하니 이별 노래다. 오늘 유독 비 내리는 이 가을이 슬픈 건 단지 가을비에 떨어지는 나뭇잎이 흩날려 보내는 쓸쓸한 기운 때문일까?

아름다운 배우 윤정희가 알츠하이머를 앓고 있다고 한다.[26] 다음은 2011년 그녀가 남편의 예술의 전당 독주회의 앙코르 무대에서 낭송한 독일 시인 프라일리그라트의 시다.

> "오 사랑하라, 그대가 사랑할 수 있는 한! 사랑하라, 그대가 사랑하고 싶은 한! 시간이 오리라, 그대가 무덤가에 서서 슬퍼할 시간이…"

2019년 11월

---

26) 「백건우, "아내 윤정희, 5년째 알츠하이머 앓고 있다"」, 2019년 11월 11일자 〈조선일보〉 김경은 기자 참조.

공감(Empathy)

'공감하지 마라', 참 무도하게 들린다. 공감을 '절대 선'으로 여기는 많은 이들이 무슨 황당한 소리냐고 질책하는 소리가 들리는 듯하다. 조선일보 곽아람 기자는 예일대 심리학과 폴 블룸 교수의 『공감의 배신』*Against Empathy*이라는 책을 소개하면서 "공정하게 판단하려면… '공감'하지 마라"라고 표제를 뽑았다. 기자는 "지금 우리 사회의 문제는 '공감 부족'이 아니라 '공감 과잉"이라면서 "많은 경우 공감은 도덕적 편향을 낳는다."는 말을 인용한다. "공감은 형편없는 도덕 지침이며 우리는 공감이 없을 때 더 공평하고 공정한 도덕적 판단을 내릴 수 있다."는 것이다. 폴 블룸은 "공감은 관심 있는 곳에만 빛을 비추는 스포트라이트와 같아 정의와는 거리가 멀다."고 한다는 것이다.

호스피스에서 내가 배우고 가르친 우선되는 덕목은 sympathy(동정 연민, 지지) 그리고 empathy(공감, 감정이입)이다. 내 수필 「Being a Rainbow」에서 「42」라는 야구 영화에 나오는 대사를 인용했었다. 영화에서 sympathy라는 말은 그리스어로 함께 고통 받다(suffer)라는 뜻이며, '너를 동정한다(I sympathize with you)'라는 말에는 '너와 함께 고통을 나눈다(I suffer with you)는 뜻이 있다'고 하는 대사이다.

그러나 공감의 경우, 상담자로서의 자세를 유지한다는 점에서 '동정'과는 다르다. 칼 로저스의 인간 중심 상담이론을 떠올리면, 무조건적, 긍정적 존중이 필요한 경우가 분명히 있다. 남아 있는 날이 얼마 되지 않는 말기 환자를 돌보는 봉사자의 경우, 환자의 생각을 바꾸려고 애쓰지 않아도 된다고 생각하기 때문이다. 그럴 때, 우리는 판단하기보다 배려해야 하며 그의 시간을 낭비해서는 안 된다는 생각이다. 상대방의 입장이 되어 공감하고 지지하면 된다.

임종을 앞둔 말기 암환자를 위해서 가족을 포함하여 환자를 돌보는 사람들(의사, 간호사, 성직자, 요양보호사, 호스피스 봉사자 등)이 할 수 있는 최선의 배려는 그가 겪는 극심한 통증을 완화시켜 편안한 죽음을 맞게 해주는 일일 것이다. 한 암병동의 의사는 항암치료나 수술과 같은 적극적인 치료를 포기하고 완화치료(palliative care)를 선택한 환자에게 해줄 수 있는 최상의 진료 서비스는 '무통에 가까운 통증 완화'라고 했다. 더러 말기 환자의 가족 중에 극심한 통증 완화를 위해 모르핀을 쓰겠다는 의료진에게 부모를 마약중독자로 만들 수 없다며 의료진의 결정에 반대하는 자식도 있다고 들었다. 그런 어이없는 경우, 의사가 처방하는 모르핀이 마약중독자가 불법으로 살 때처럼 값이 비싼 줄 알아서였던 건 아니길 바랄 뿐이다.

말기 환자가 섬망으로 인해 충동적이고 공격적인 행동을 할 때가 있다. 그런 경우는 질환이므로 적절한 돌봄과 처치가 필요하다. 그러나 정상적으로 보이는 사람이 지속적으로 우리를 불편하게 하고 피해를 준다면 거리를 두는 게 맞는 것 같다. 그가 앞으로도 그와 같은 일들을 할 수 있는 시간이 남아 있다면, 나와 가깝거나 내가 속한 공동체의 일원이라 할지라도, 그의 이상행동에 대해 고민해 봐야 한다는 생각이다.

그가 어린 시절과 관련된 어떤 트라우마나 사정이 있겠지 하는 식의 접근으로는 문제를 해결할 수 없을 것 같아서다. 왜냐하면, 그런 경우는 죽음을 목전에 둔 말기 환자들과는 그 사정이 사뭇 다르고, 더구나 그들이 선(善)이나 옳음이라는 명분을 내세워 하는 행동이 어떤 사람들에게 피해를 준다고 하면 더욱 그렇다. '강의 이쪽과 저쪽'(파스칼 1623~1662)에서 다르게 평가되는 옳고 그름이라면, 그건 이미 모두가 수긍할 수 있는 선이나 옳은 일이 아닐 수도 있기 때문이다. 공감 과잉이 도덕적 편향을 낳고, 공감이라는 이름으로 행해지는 편향이 공평하고 공정한 도덕적 판단을 호도하고 있다면 말이다. 그런 의미에서라면 공감이 없을 때 더 공평하고 공정한 도덕적 판단을 내릴 수 있다는 말에 전적으로 '공감'한다.

호스피스봉사자 교육을 할 때 서두에 우파니샤드를 인용했던 적이 있다. '자비'나 '보시', '사랑'이라는 말을 끌어내기 위해 봉사자들의 서로 다른 다양한 종교가 지향하는 '공동선'을 염두에 둔 인용이었다. 봉사자 교육을 시작하면서 처음으로 인용했던 '선재동자' 이야기는 기독교 신자인 봉사자들에게 별로 좋은 반응을 끌어내지 못한 것 같았다. 다른 종교(여기서는 힌두교)의 경전에도 나오는 봉사의 이유에 대한 이야기를 하면 객관성도 있어 보이고, 모든 종교가 지향하는 덕목이 서로 통해 있으니 우리 안에서 대립하는 종교가 아닌 힌두교의 경전을 언급함으로써 공감의 정도를 높일 수 있다는 생각을 했던 것 같다.

하늘의 신 데바들과 인간들과 땅의 신 아수라들이 오랜 수련을 끝내고 떠나기 전에 하느님(프라자파티, 우레의 신)께 바르게 사는 길을 물었다.

프라자파티는 벼락을 세 번 울렸다.

Da

1. Damyata (control) 持戒(지계)

‘하늘의 신’들은 강하므로 언제나 조심스럽게 자신을 ‘절제하고 통제’해야 한다.

Da

2. Data (give) 布施(보시)

‘인간’들은 부족하므로 제 것을 ‘남에게 주어 서로 보충’해야 한다. 섬김과 바침이 인간의 길이다.

Da

3. Dayadhvam (sympathize) 慈悲(자비)

땅은 광대하므로 ‘땅의 신’들은 살아있는 모든 것을 ‘사랑하고 포용’해야 한다.

우레로 울려 퍼진 ‘성스러운 권고’는 바로 이것이었다.

지계, 보시, 자비, 다 다 다

절제하고 통제하며, 남에게 주어 서로 보충하고, 사랑하고 포용하라는 이 ‘성스러운 권고’는 종교와 상관없이, 창조주께서 어린아이가 이 세상에 올 때 이미 마음 한가운데 심어둔 씨앗인지도 모른다는 생각을 할 때가 있다. 아이가 좋은 밭으로 태어나 씨앗이 발아하여 털끝 같은 싹이 되고 아름드리 나무로 자라는(노자 도덕경) 상상을 하면 세상이 참 아름답지 않나?

조건 없이 어려운 이들을 돕는 많은 사람들, 보상 없이 봉사하는 사람들에게 공감능력(empathy ability)은 가장 중요한 덕목으로 보인다. '지지'라는 말도 참 따뜻하게 느껴지지 않나? 육체적인 돌봄과 마찬가지로 연민과 공감은 인간이 가질 수 있는 가장 아름다운 감정일 것이다. 그러나 강의 이쪽에서와 저쪽에서의 서로 다른 가변적인 정의에 대한 편향적인 공감이라면, 무조건적이고 광신적인 공감 과잉의 상황이라면, 그건 아마 가장 추한 인간 행태가 아닐지. 그 공감으로 인해 마을의 반이 불행하다면 더구나.

2019년 10월

그럼에도 불구하고

오래전, 성 빈센트 병원 임상사목교육센터에서, 병원 사목을 하는 신부님, 목사님, 스님, 상담사, 사회복지사, 호스피스 병동에서 근무하는 의사, 자원봉사자 등을 대상으로 하는 임상사목교육(CPE)[27]을 받았다. 신부님은 내가 「그럼에도 불구하고」라 번역한 시, *Anyway*를 「그래도」라고 번역하셨다.

'그럼에도 불구하고' 사랑하고, 선한 일을 하고, 정직하고, 당신이 가진 가장 좋은 것을 주라고 하는 아름다운 말들이 아플 때가 있다. 얼마 전 친구에게 들었던 이야기가 며칠이 지난 지금도 여전히 불편하다. 어머니가 다리를 다쳐 움직이

27)CPE(Clinical Pastoral Education): 1920년대에 미국에서 시작. 병원 등 사목 현장에서 환자나 내담자에 대한 영적 돌봄을 위해 일하는 성직자나 상담자들을 위한 전문적인 교육.

지 못하자 아들이 돌볼 사람이 없으니 다리가 나을 때까지 병원(요양병원)에 입원하시면 좋겠다고 했다 한다. 요양병원에서 먹고 씻는 일상을 도와주는 사람이 있으면 좀 편할 것 같고, 아들 내외도 자기 때문에 직장을 쉬는 일이 없을 터라 다리만 나으면 돌아올 거라는 생각으로 별 준비 없이 입원을 했다는 거다. 요양병원의 의사는 나이가 들면 골절된 부위가 다시 붙는데 시간이 오래 걸린다고 했고 그녀는 모든 것이 불편했지만 얼마간의 시간을 보내면 집으로 돌아갈 수 있다고 생각했던 것 같다.

그 얼마간의 시간이란 게 좀 오래 걸리면서 가끔 방문하던 아들 내외가 찾아오는 횟수가 줄다가 아예 발을 끊었을 때, 그녀는 병원에서도 존중받지 못한다는 불편한 느낌이 들기 시작했고, 그때쯤 자신을 찾아온 친구에게 은행에 가서 예금을 찾아다 달라고 부탁했는데 친구는 예금을 찾아오지 못했다. 알고 보니 예금주가 금치산자로 되어 있었기 때문이었다. 아들이 어머니에 대해 법원에 낸 금치산 청구가 받아들여지면서 한 개인의 재산권이 박탈된 것이다. 그런 식으로 판사가 결정하면 끝인 건지, 당사자를 만나서 확인하지 않고 그런 엄청난 일이 가능한 건지. 딱한 일이었다.

그제야 상황 파악이 된 어머니는 친구에게 당신이 아들에게 부탁해놓고 정신이 없어 깜빡했다며 건망증이 점점 심해진다고 했다는 거다. 오래 걸려도 어쨌든 시간이 지나면 다리가 나을 것이고 퇴원을 해야 할 텐데 그분은 어떻게 해야 할까? 친구에게 들었던 이야기는 여기까지이다. 아들이 혹시 '나쁜 놈' 소리라도 들을까 해서 거짓말을 한 건데 어쩌면 좋으냐고 하는 말밖에 할 말이 없었다고 했다.

언젠가 어느 신문의 기자가 요양보호사로 요양병원에 취직을 해서 실태조사를 하고 올린 기사를 본 적이 있다. 모든 요양병원이 다 그렇지 않기를 바라지만, 아직 정신이 멀쩡한 사람이 섞여 있는 데도 입원환자들의 인권도 인간적인 존엄도 존재하지 않는 병원의 실상에 대한 보도를 읽으며 분노했었다.

대학병원에서 호스피스 봉사를 하면서 팀에 복지사가 있으면 좋을 것 같아 바쁜 시간을 쪼개어 세 대학에서 네 학기에 걸쳐 사회복지 학사학위를 받는 데 필요한 과목들을 이수했다. 마지막 학기에 데이케어 센터에서 실습을 하는 동안, 치매환자들을 옆에서 보면서 마음이 힘들었던 기억이 난다. 특히 한 주일에 한 번 단체로 하는 목욕 시간이 그랬다. 기자가 보도한 것처럼 병실에서 옷을 다 벗고 판자 같은 것을 앞뒤에 대고 줄을 서서 목욕실까지 가는 건 아니었지만 봉사자들이 세신을 하는 과정이 불편했다.

친구는 그분이 다리를 다쳐 운신이 힘들지만 정신은 멀쩡한 상태로 입원을 했는데, 치매환자가 태반인 그곳에서 처음에 낸 얼마간의 입원비마저 떨어지면 어떻게 될지 걱정이라고 했다.

모든 부모가 다 '그럼에도 불구하고' 사랑하고, 자신이 가진 가장 좋은 것을 자식에게 주지 않나? 그중에 더러 날짐승이나 곤충보다 못한 부모도 있음을 우리가 알지만 그런 부모 이야기는 하고 싶지 않다. 그렇다 해도 마음이 아프다. 그런 자식을 둔 불쌍한 부모 때문이기도 하지만 그 자식 때문에도 그렇다. 그들이 곧 늙고 병들 것이기 때문이다. 그럼에도 불구하고, 용서하고 사랑하고 그리고 기도할 수 있을까?

계명은 '가장 좋은 것을 주어도 결코 충분하지 않으니 그럼에도 불구하고 가지고 있는 가장 좋은 것을 주라'고 한다. 기도문의 몇 가지 버전 중에 '결국 그건 당신과 그들과의 문제가 아닌 당신과 하느님과의 문제'라는 문장 하나가 더 붙어있는 인용도 있다.

캘커타 어린이의 집 쉬슈 브라반 벽의 표지판에 적혀 있는 「그럼에도 불구하고 실천하라」*Do It Anyway*는 '마더 테레사의 기도'라 알려져 있지만 원래 켄트 케이스(Dr. Kent M. Keith)가 하버드대 재학 시절에 만든 「역설적인 계명」*Paradoxical Commandments*이라고 한다. '역설적인 계명'이 맞지만, 자꾸 읽다 보면 말이 된다. 그러나 오직 마더 테레사만 가능한 기도가 아닐까? 그

분께서는 그렇게 사셨으니.

그분이 온몸으로 보여주신 아름다운 계명, '그럼에도 불구하고'를 가끔 되뇐다. '그럼에도 불구하고' 사랑하고, 선한 일을 하고, 정직하고 솔직하고, 가장 좋은 것을 내어주는 그런 삶에 대해 묵상한다.

Do It Anyway -Mother Teresa
그럼에도 불구하고 실천하라

People are illogical, unreasonable, and self-centered.
Love them anyway.
사람들은 불합리하고 비논리적이고 이기적이다. 그럼에도 불구하고 사랑하라.
If you do good, people will accuse you of selfish ulterior motives.
Do good anyway.
당신이 선한 일을 하면 이기적이고 불순한 동기에서 하는 거라고 비난할 것이다. 그럼에도 불구하고 선한 일을 하라.
......
People really need help but may attack you if you do help them.
Help people anyway.
사람들은 정말 도움이 필요하지만 당신이 그들을 도와주면 당신을 공격할지 모른다. 그럼에도 불구하고 도와주어라.
Give the world the best you have and you'll get kicked

in the teeth.

Give the world the best you have anyway.

사람들에게 당신이 가진 가장 좋은 것을 주고도 마음을 다칠 것이다. 그럼에도 불구하고 가장 좋은 것을 내어주어라.

You see, in the final analysis, it is between you and God.

It was never between you and them anyway.

결국, 그건 당신과 하느님의 문제이지 결코 당신과 그들 사이의 문제가 아니기 때문이다.

2019년 10월

겨울 강을 건너듯

Watch your thought, for they become words.
Watch your words, for they become actions.
Watch your actions, for they become habits.
Watch your habits, for they become your character.
And watch your character, for it becomes your destiny.
잘 생각하여라. 생각은 말이 된다.
잘 말하여라. 말은 행동이 된다.
잘 행동하여라. 행동은 습관이 된다.
좋은 습관을 길러라. 습관은 인성이 된다.
좋은 인성을 가져라. 인성은 운명이 된다. (이미도 번역)

생각은 말이 되고
말은 행동이 되고
행동은 습관이 되고
습관은 성격이 되고

성격은 운명이 된다.

위의 영어는 영화 「철의 여인」*The Iron Lady*(2012)에 나오는 메릴 스트립의 명대사이다. 그리고 아래는 2007년 이화대학에서 한 학기였는지 일 년이었는지 병원 관련 강의를 들을 때 강의하시는 분이 칠판에 단어 둘 사이에 화살표를 그리면서 설명했던 내용이다. 영화에서, 은퇴한 마가렛 대처가 나이 들고 정신이 온전치 않을 때 의사에게 아버지의 가르침이라고 하는 이 말이 생각나서 찾아보는데, 한 인용의 말미에 'Lao Tzu'라는 이름이 붙어 있었다('Lao Tzu'는 Lao zi, Lao-Tze 등과 같이 '노자'를 말함).

몇 년 전 신부님이 주보 뒷면에 올리셨던 노자의 『도덕경』 67장, 「세 가지 보물」을 찾아보느라 읽긴 했지만 그런 내용이 있었는지 기억나지 않았다. 신부님이 인용하신 부분의 不敢爲天下先(세상에서 감히 앞장서 나서지 마라, 김인환 번역)을 '누군가를 가르치려 드는'(영어번역은 'Only he that refuses to be foremost of all things'로 나와 있다.)이라 한 번역이 왠지 아단맞는 것 같아 불편해서 마음에 드는 번역을 찾을 때까지 남편의 서가에서 각기 다른 번역의 『노자』 열 권 정도를 가져다 67장을 비교했었다.

「철의 여인」에 나오는 이 대사에 '노자'라는 이름이 바이라인(byline)으로 붙어 있어서 「도경」 37장, 「덕경」 44장, 81장, 『노자』를 다시 읽기로 했다. 그러나 다시 읽은 『도덕경』 81장 어디에서도 영화에서 대처가 '아버지의 가르침'이라고 한 메릴 스트립의 명대사는 찾을 수 없었다. 내가 글이 짧아 대강 넘겨서 같은 행을 보고도 못 알아봤을 수도 있긴 하다.

책을 읽으면서 가끔 별표가 붙어 있는 것처럼 눈에 띄는 문장이 있다. 내가 원하는 글을 찾지 못했지만, 이번에 『노자』를 다시 읽으면서 만난 '별'은 제15장에 나오는 "겨울 강을 건너듯 머뭇거리고"였다.

나는 사람을 만나거나 무슨 일을 시작할 때, 그리고 사람이나 일을 포기할 때, 오래 생각하지만 결정하는 순간에 머뭇거리지 않는다. 며칠을 울다가 기절하는 한이 있어도 결정하면 그걸로 끝이었다. 평생을 후회하는 한이 있어도 머뭇거리는 걸 싫어한다. 그 성정 때문에 살면서 내가 잃은 것들이 얼마나 많았을지 생각하면 그렇게까지 할 일이 아닌 것도 분명 있었을 거라는 반성을 한다.

내가 정말 '신중하게' 결정했다면 기절할 때까지 울지 않았어야 하는 게 맞다. 결론적으로 말하면 결정하기 전에 충분히 신중했다고 우겼던 그 머뭇거림들이 충분하지 못했다는 거다. 이제라도 '겨울에 강을 건너듯 머뭇거리고'(豫兮若冬涉川, Circumspect they seemed, like one who in winter crosses a stream)를 만나 다행이다.

신부님의 정성에 딴지를 거느라 읽기 시작했던 『노자』는 오늘 다시 만난 내게 겨울에 강을 건너듯 머뭇거리라 하신다. 신부님께 말씀드리지 않았지만 내 수필집 『다른 과거를 위하여』에 「세 가지 보물」이라는 제목으로 이 이야기가 실려 있다. 언젠가 정동 프란치스코 회관에서 열린 임상사목 세미나에서 마주쳤던 신부님께 말씀드릴 수 있었지만 그러지 않았다.

결정했으면 끝까지 그냥 가겠다는 내게 성인께서 『도덕경』을 읽은 상으로 별표를 붙여 '겨울 강'을 주신 것 같다. 겨울에 강을 건널 때처럼 '신중하라'는 성인의 말씀은 내게 '인성'과 '운명'에 대한 교훈으로 언젠가 가슴속에서 겨울 강을 만날 때 머뭇거릴 것을 가르치신다. 얼마 남지 않은 내 삶의 여정에서 사람을 대할 때도 글을 쓸 때도 신중 또 신중하라고.

2020년 11월

관계

작은 차가 천천히 오고 있었다. 천천히 와도 내가 지나가고 나서 가려면 잠시 브레이크를 밟아야 할 것 같아서 서서 기다리는데 계속 그 느린 속도로 다가온다. 내 앞을 지나가는데 열린 차 창문으로 60은 되어 보이는 남자가 얼굴 가득 웃음을 띠고 뭘 먹으면서 간다. 옆 조수석의 비슷한 연배로 보이는 몸집이 작은 여자는 과도로 사과를 깎고 있었다. '급정거를 하면 어쩌나' 하는데 차가 지나갔다.

과일을 집에서 깎아 올 순 없었을까? 보통은 깎지 않아도 되는 귤을 가지고 타지 않나? 다소곳이 고개를 숙여 사과를 깎고 있는 그녀는 얼굴을 손에 든 과도 가까이에 대고 너무도 사랑스러운 미소를 띠고 있었다. '안 돼요!' 하는 소리가 입 밖으로 나올 뻔했지만 그랬으면 사람 좋아 보이는 운전자가 브레이크를 밟았을 것이다. 둘은 부부 같지는 않았다. 두 사람의 분위기에서 부부들이 보여주는 어떤 특별한 그런 편안함이 아닌, 연인 같은 느낌이랄까 그런 게 느껴져서이다. 파노라마처럼 지나치는 장면을 하나도 놓치지 않는 바람에 느끼는 불편함은 치명적인 감각형이 감당해야 할 몫이라 할지.

초가을의 거리를 천천히 걷다가 커피 생각이 났다. 오랜만에 커피숍 폴바셋에 들러 카페라떼 한 잔을 커피를 반 샷만 넣어 달라 하고 주문했다. 계단 두 개를 올라가는, 문에서 먼 자리에 벽을 등지고 앉아서 진동벨을 바라보며 폴바셋만의 특별한 향긋하고 맛있는 커피를 기다리고 있었다.

계단 아래 조금 낮은 자리에 테이블 몇 개를 붙여놓은 것 같은 큰 사각 테이블이 놓여있고 네 개의 소파가 테이블을 둘러 놓여 있다. 소파에 두 명씩 커플들이 앉아서 차를 마시고 서로 기대앉아 소곤대기도 했다. 그중 한 커플이 바로 전에 주문했는지 진동벨을 이리저리 밀면서 장난을 하고 있었다. 진동 벨이 울리자 남자가 여자 머리를 오른손 검지로 밀면서 벨을 눈짓으로 가리킨다. 그녀는 더운 커피와 얼음이 든 아이스 아메리카노 '아아', 아이스크림, 그리고 조각 케이크를 담은 쟁반을 들고 왔다. 쟁반에서 음료와 케이크 접시를 테이블 위에 내려놓자 갑자기 남자가 손으로 여자 머리를 때린다. 남자의 그런 짓이 아무렇지도 않은 듯 여자는 떨어뜨릴 뻔한

유리잔에서 스푼으로 아이스크림을 떠서 남자 입에 넣어준다. 저들이 부부라면 저렇게 함부로 하면서 같이 살 수 있을까? 오래된 연인들이라면 저대로 계속 갈 수 있을까? 부부든 연인이든, 여자는 아닌데 남자는 끝내고 싶은 걸까?

넓은 홀에 반 넘어 찬 사람들을 천천히 둘러보면서 친구들이 비웃는 내 숭늉 같은 커피를 기다리고 있는데 계속 남자에게 아이스크림을 떠먹이던 여자가 남자 귀에 대고 무슨 말을 했다. 남자가 이번에는 작정한 듯 여자의 얼굴도 때리고 머리와 가슴도 때린다. 둘은 마치 주위에 아무도 없는 것처럼 먹여주고 때리고 맞고 그러다 끌어안고 영화를 찍는다.

진동벨이 울려도 내가 구경하느라 못 듣고 있었는지 종업원이 내 커피를 가져다주었다. 커피 반 샷을 넣어달라는 사람이 별로 없는 모양이었다. 문이나 사람을 뒤에 두고 앉는 게 불편해서 벽을 등지고 앉는다는 게 더 불편하게 된 것 같았다.

오래전, 어떤 교수님의 시집 제목이 『관계』였던 생각이 난다. 그때 그 시집 제목이 상당히 '은밀하게' 느껴졌었다. '관계'라는 말을 떠올리면 '친구'나 '부부'보다는 '비밀이 많은 연인', '불륜' 같은 말이 먼저 생각난다. 그러나 실제로 우리 모두 '관계'로 이어져 있지 않나? 사람과 사람 사이의 진정한 관계가 유지되는 데 존중이나 배려는 필수적이어야 하지 않을까?

두 친구가 연출하는 불편한 장면들을 보면서 저들은 아무래도 안 되겠다 싶었다. 공공장소에서 벌이는 그들의 애정행각도 그랬고 연신 머리도 때리고 얼굴도 때리는 남자의 이해할 수 없는 행동도 그랬다. 미운데, 때리고 싶은데 같이 먹고 마시고 껴안을 수 있을까? 공연음란죄로 경찰에 신고하고 싶은 심정이었다. 폭행죄는 코피 정도는 나야 성립되는 걸까? 열린 공간에서 그런 식의 폭력을 쓸 수 있다면 폐쇄된 공간에서는 어떨까? 툭툭 때리고 맞고 그러다 그들 사이에 더 큰 폭력이 자연스럽게 일어나지 않을까? 사람들을 놀라게 하려고 일부러 연기를 하는 게 아니라면 그들이 부부든 연인이든 그 관계가 얼마나 더 지속될 수 있을까? 갑자기 너무 멀리 가는 내가 어이없다. 생면부지의 청춘남녀를 무슨 억하심정으로 갈라놓을 궁리를 하나.

그들이 나간 후 나는 바로 일어서지 않길 잘했다고 생각하면서 좀 편해진 마음으로 내가 좋아하는 온도로 식은 카페라떼를 천천히 마셨다. 같이 여행을 할 때 친구는 아까운 커피를 반은 버리고 찬물을 부어 마시는 나를 비웃으면서도 어디서 커피를 마실 때면 찬물 한 잔을 가져다준다. 오래 못 본 친구가 보고 싶다.

얼마 전에 결혼한 막냇동생의 작은 아이에게 내가 해준 조언의 핵심은 '존중'이었다. 그 아이가 존중받으면서 살기를 바라는 내 소망을 기어이 말로 한 것이다. 서로 존중하고 배려하면 모든 관계가 영원히 지속될 수 있으리라는 내 생각이 맞았으면 좋겠다.

아침에 집에서 나오다 본 승용차 속의 남녀가 생각난다. 속도가 높지 않았지만 그래도 운행 중인 차 조수석에서 과도로 사과를 깎고 있던 여자와 운전하면서 과일을 받아먹던 남자는 왠지 그다지 안전해 보이지 않았다. 차 안에서 칼을 들고 있는 모습이 불안해서다. 관계는 공들이지 않으면 언제라도 끝날 수 있는 거지만 공들인다 하더라도 칼을 들고 공을 들이는 건 위험한 것 같다.

2019년 9월

민나야 나가자

학교 앞 서점의 소설과 시집을 거의 다 빌려 읽었을 때 교사로 퇴직하신 서점주인 할아버지는 내게 『분홍신』이라는 예쁜 제목의 책을 선물로 주셨다. 내용이 제목처럼 그리 예쁘지만은 않은 책이었다. 선물을 주신 게 감사해서 그분이 왜 내게 그 책을 선물로 주었는지는 생각해 본 적 없었던 것 같다. 그때는 그랬다. 그 후에는 추천해 주시는 책을 사겠다고 하면 얼마 후에 갖다주셨다. 그렇게 소설책과 시집들을 읽었다.

아버지가 사다 주신 동화책 몇 권을 줄줄 외울 때까지 수십 번 읽으면서 어린 시절을 보냈고, 중학교, 고등학교에 다닐 때 학교 앞 서점에서 책을 빌려다 읽고 다음 날 다른 책으로 바꿔 빌려와서 읽었는데 그때는 할아버지 선생님이 내

독서 선생님이었다. 독서 선생님은 공책에 내 이름을 쓰시고 그 아래 내가 빌리는 책들을 기록하셨다. 서점에 있는 책을 다 읽은 상으로 할아버지 선생님이 주신 『분홍신』은 내 책장 맨 위 칸, 도스토옙스키 전집을 꽂고 남는 한 권 자리에 오래 꽂혀 있었다.

그때는 요즘처럼 『소피의 선택』 같은 쉽게 쓴 철학책은 없었던 것 같다. 할아버지 선생님이 내게 추천해 주신 소설이 아닌 책 중에는 지금은 100세가 넘으신 김형석 교수님의 『영원과 사랑의 대화』라는 책도 있었다. 교수님은 지금도 글을 쓰시고 강연을 하신다.

대학생이 된 후 언젠가 방학에 집에 갔을 때 어머니 화장대 위에 『흙 속에 저 바람 속에』가 놓여있었다. 전봉준에 관한 부분이 있었던 것 같은데 잘 기억나지 않는다. 다만 그 책을 읽으면서 점심시간이면 서관 시계탑에서 고려대 교정에 울려 퍼지던 '새야 새야 파랑새야'를 떠올렸던 생각은 난다. 『흙 속에 저 바람 속에』는 이어령 선생이 1968년에 낸 책이다.

할아버지 선생님께 부탁드려 사서 읽었던 책 중에 『데미안』과 『바람과 함께 사라지다』, 『장 크리스토프』도 있었는데 로맹 롤랑이 열 권으로 낸 대하소설 『장 크리스토프』를 세 권으로 나와 있는 김창석의 번역(1963 정음사)으로 읽었다.(김창석은 프루스트의 『잃어버린 시간을 찾아서』를 처음으로 번역한 분이다.)

『장 크리스토프』는 그 분량에 놀랐지만 마가렛 미첼의 『바람과 함께 사라지다』를 며칠 만에 읽었으니 곱하기 3 정도 해서 한 보름이면 다 읽겠지 했는데 생각과 달리 2권의 전쟁 장면 등에서 잘 넘어가지 않았다.

『장 크리스토프』에서 주인공 장 크리스토프는 서로 다른 신분 때문에 첫사랑 민나와 헤어진다. 그는 음악가로서의 성장과 함께 정치적인 사건들에 휘말리기도 하고 도피생활도 한다. 사회변혁의 격랑 속에서 음악가로 성공할 때까지 주인공은 여러 여자들과 연애를 한다. 파리에서 한 소동에 휘말렸다가 스위스로 도피했을 때 머물렀던 친구의 집에서 친구의 아내와 불륜을 저지르고 동반 자살을 시도하는 등 그 후에 오랜 고립과 고독 끝에 만난 이탈리아 여성과의 사랑까지 많은 여자들과 사랑하고 헤어진다.

세월이 흐른 후 첫사랑 민나를 다시 만났을 때, 어린 시절의 첫사랑의 기억과 너무나도 달라진, 변해버린 그녀를 보며 그가 가만히 말한다. "민나야 나가자." 정확한 문장이 생각나지 않지만 이제 와서 그 책을 찾아볼 생각은 없다. 다만 그 장면 때문에 며칠을 울었던 기억이 난다. 그냥 슬픈 정도가 아니라 정말 가슴이 너무 아파 가슴을 부여잡고 뒹굴면서 울었다. 그러나 내 그런 감수성으로도 나는 소설가나 시인이 되지 못했다. 딱 한 번 낸 드라마 공모에도 떨어졌다. 그래서 나는 또 걸핏하면 그 때문에 운다.

평생 동안, 힘들 때 흉한 모습으로 망가지지 않으려고, 어떻게든 나를 잃어버리지 않으려고 기를 쓰며 살았다. 암 선고를 받았을 때도, 암 수술을 하고 정신은 들었는데 숨이 돌아오지 않아 지옥을 들락거릴 때도 그랬다. 가장 힘들었던, 사랑하는 사람들을 잃었을 때도 그 불행들을 어떻게든 견뎌내서 내 삶이 황폐해지지 않게 하려고 이를 악물었다. 그건 내가 세상을 다 지나간 어느 날 내 첫사랑이 “민나야 나가자” 하면서 열여섯 살 어린 나를 가만히 불러낼까 두려워서였는지도 모른다. 그런 독한 버팀이 정작 나를 얼마나 황폐하게 했을지는 계산에 넣지 않았다.

어쩌다 오래전 명동의 한 레스토랑에서 먹었던 녹인 버터를 올린 아스파라가스를 떠올리며 침이 고이면 서머셋 모옴의 「런치」 *The Luncheon* 마지막 장면이 떠올라 살짝 공포(?)를 느낀다. 나도 다른 건 모르지만 체중 면에서는 썩 자유롭지 않기 때문이다. 주인공이 어떻게 그 밉상 여인의 체중을 알아냈는지는 기억나지 않지만 스테로이드 때문이건 다른 이유 때문이건 어쨌든 대학 때보다 20kg 가까이는 내 체중이 거의 그 반이 되어 있어서이다. 변한 게 체중만은 아닐 터, 첫사랑이 내게 “민나야 나가자” 하면 어떡하죠?

2019년 10월

해무(海霧)

바다에서 피어오른 안개가 화산섬의 산 중턱까지 차오르고 있었다. 그 분위기는 마치 계곡을 채우면서 올라간 안개가 가우디의 '가족성당' 모티프가 되었다는 '산 정상의 바위들'을 감싸 안고 있던 스페인 몬세랏 수도원의 느낌 같았다. 그곳에서 나는 친구에게 수도원의 숙소에서 한 달만 지내고 싶다고 했지만 정작 수도원 성당의 검은 성모상 아래서 그런 어이없는 기도를 하진 않았던 것 같다.

서울에서 새벽에 출발하여 강릉까지 ktx로, 강릉에서 다시 세 시간 반을 여객선으로 들어간 울릉도. 버스로 아득한 산 꼭대기를 향해 오르고 또 올라서 만난 라 페루즈(La peruse) 리조트는 너무 높은 곳에 있었다. 해무가 우리 버스보다 늦게 올라오는지 일고여덟 동은 되어 보이는 호텔 건물들이 아직은 선명하게 보였다. 호텔이 너무 높은 곳에 있어서 버스를 타고 올라가는 비탈의 각도가 거의 낭떠러지 수준이었다.

오후에 유람선을 타고 간 행선지가 죽도(일본인들이 독도를 부르는 그 죽도, '다케시마'가 아님). 여기 사람들이 대나무가 많은 이곳 죽도를 대섬, 대나무섬, '댓도'라 부른다는 섬이었다. 배를 타고 들어가며 본 죽도는 제주도의 성산일출봉과 비슷했다. 찾아봤더니 성산일출봉과 우도를 합친 것 같다고 되어 있었다.

유람선에서 멀리 바다 위로 보이는, 섬과 섬 사이를 연결하는 관음교가 그림처럼 걸려 있어서 뱃멀미에도 불구하고 사진 몇 장을 찍었다. 죽도에 내려 선착장에서 갈매기와 싸우며 선착장 한 귀퉁이로 겨우 다 보이는 그 다리를 몇 장 더 찍고 있는데 가이드가 내일은 거길 간다고 했다. 친구와 내가 그 다리를 건너기 전에 남아서 기다리다 돌아올 때 같이 오겠다고 했더니 다리를 건너서 돌아오지 않고 계속 가는 코스라 한다. 섬과 섬을 연결한 바다 위 다리를 건너간다고 하니 생각만 해도 속이 메슥거렸다. 오래전 병원 호스피스에서 같이 일했던, 지금은 연락이 닿지 않는 친구와 자주 서울에서 왕복 서너 시간 정도 걸리는 서울 근교로 짧은 나들이를 했는데 내가 서해대교 위를 운전할 때는 번번이 다리가 후들거려서 비명을 지르곤 했다.

결국 내 고소공포증과 폐소공포증 중 하나를 공유하는 친구와 나는 한나절을 숙소에서 쉬기로 했다. 친구는 몇 시간이 비었으니 잠시 쉬고, 바다에서 솟아오른 멋진 바위산 봉우리도 보고 조경 좋은 정원의 연못으로 해서 다리 건너 헬기장이 있는 넓은 잔디운동장에도 가보자고 했다. 버스로 들어올 때 본 카페가 정말 커피를 마실 수 있는 카페인지도 가보기로 했다. 대답은 해놓고 금세 잠이 들었다. 밤에 죽은 듯이 잤는데도 아침나절 내내 침대에 엎어져서 자고 또 잤다. 친구가 말 걸면 대답하고 또 자고. 이 나이에 울릉도는 역시 무리인 것 같았다.

독도를 다녀온 사람들이 멀미를 해서 오후에 호텔에서 쉬겠다는 사람들이 있다고 하며 가이드가 숙소로 '홍합밥' 도시락을 가져다주었다. 우리는 쉬는 김에 '중등 난이도'라는 오후 트레킹도 쉬기로 했다. 서너 시간을 방에서 쉬고 있는데, 울릉도 별미인 생선요리들을 하는 식당에서 저녁 식사를 한다고 택시를 불러 나오라는 연락을 받았다. 우리는 8인상을 6인이 드시면 더 좋지 않겠나 하고 호텔 아래로 산책을 나갔다.

숙소 아래 어젯밤 보았던 연못을 가로질러 색색의 꼬마 전등불이 켜 있던 다리를 건너볼 생각이었는데 아직 해가 남아 밝은 시간에 봤더니 그냥 나무판자로 이어진 그다지 안전해 보이지도 않는 그런 다리여서 조금 실망했다. 그래도 연못이 끝나자 잘 다듬어진 넓은 잔디밭이 나왔다. 길은 산에 있던 나무를 그대로 살렸나 싶은 아름드리나무들이 멋있게 도열하고 있는 곳으로 이어져 있었고 그 나무 동산 옆으로 몇 개의 탁자가 놓여 있는 곳에 카페가 있었다. 우리는 '카페'라 적힌 오두막의 열린 창으로 가서 이 한가한 곳에 카페가 영업을 하나 하고 안을 살펴보았다. 안쪽에서 나오는 깔끔한 카페 여사장을 보고 나서 친구가 샌드위치와 물오징어 튀김을 주문했다. 오징어 튀김이 맛있어 보여 몇 개 집어먹다가 아침에 일어나면 부어오를 내 손가락을 펴보고는 내 몫의 샌드위치를 먹었다.

나무 탁자에 튀김과 샌드위치를 차려놓고 먹으면서 초저녁 바다 풍경을 내려다보고 앉아서, 친구는 커피를 마시고 나는 덥지 않은데 얼음 넣은 과일 주스를 마셨다. 그곳에선 그게 어울릴 것 같아서였다. 바다에서 피어오른 안개가 호텔 건물들을 다 덮고 산 정상까지 올라가 현실 같지 않은 몽환적인 풍경을 만들고 있는 그곳이 너무 좋아 나는 친구에게 거기서 한 한 달만 있다 가면 좋겠다고 했다. 친구가 아무 말 하지 않았지만 나는 이미 안개 속 몬세랏 수도원에서 촛불을 켜고 있었다. 그때와 똑같은 말을 하고 있다는 걸 내가 아는데 친구가 몰랐을까?

그때 갑자기 노래방 반주가 천둥처럼 나오는 바람에 놀라

일어났다. 노래방이 있다고 했지만 그래도 산 정상 바로 아래 호텔 건물들이 빙 둘러친 아래 잔디 마당에 그 넓은 곳을 쩌렁쩌렁 울리는 스피커는 상상하지 못했었다. '노천 노래방(?)'이 열 시까지인데 시끄러우면 창을 닫으라고 하던 가이드의 조언은 밖에 앉아 이야기를 나누던 우리에게 도움이 되지 않았다.

잔디 마당 너머 언덕 아래 바다가 있어 고개를 들면 바다 위에 있는 듯해서 그곳에 좀 더 머물고 싶었지만 너무 시끄러워서 방으로 들어왔다. 바다가 자꾸 끌어당겼지만 어쩔 수 없었다. 다음 날에야 나는 이왕 있는 노래방인데 시끄럽다 하지 말고 친구에게 「일곱 송이 수선화」를 불러줄 걸 하고 후회했다.

화산 하나가 폭발하고 그 분지에 또 하나의 작은 화산이 폭발했다는 나리분지 속으로 들어가서, 섬에 온 후로 내가 못 먹는 돼지고기 아니면 해산물이 나오는 식사 시간에 내내 부지깽이나물만 먹다가 처음으로 다른 나물도 섞인 비빔밥을 먹었다. 성인봉 가는 길 중간쯤에서 류머티즘에 좋다고 하는 도동 약수도 마셨다. 면역억제제를 먹느라 한 주일에 하루는 초주검이 되는 내 상황에 많은 사람이 약수를 마시는 플라스틱 바가지가 걸렸지만, 평소에 넣고 다니던 텀블러를 무겁다고 빼놓고 온 걸 후회하면서 약수를 떠서 마시고 차가운 물에 발도 잠시 담갔다.

울릉도 여행은 거기까지였다. 다음 날 폭풍우 예보가 떠서다. 산길을 내려오면서 나는 우리가 함께했던 스페인 여행, 프로방스 여행을 떠올렸다. 내려오는 산길도 쉽지 않아서 더 이상은 우리가 그렇게 멀리 여행을 가는 일은 없을 것 같다는 확신 같은 게 들었다. 내리막길 때문이었는지 후에 오른쪽 엄지 발톱이 오래 걸려 빠졌다. 폭풍 예보가 뜨자 섬에서 발이 묶일 승객들을 위해 선사에서 다저녁에 여객선 한 대를 더 띄워준다고 해서 우리는 서둘러 이른 저녁을 먹고 배를 탔다.

위층 선실에 앉아 바다를 보며 청회색의 비단안개를 끌고 섬을 나갈 수 있으리라는 기대를 하면서 항구에 도착했지만, 다음 날 나올 예정이던 수백 명의 여행객이 몰리면서 우리를 데려간 여행사가 갈 때처럼 좀 편한 배의 위층 좌석을 확보하지 못했다고 했다. 결국 아래층 선실의 가운데 좌석에 앉은 우리는 창밖으로 바다에서 피어오르는 비단안개 '해무'를 한 번 더 볼 수 없었다. 가슴 속에 청회색의 해무를 가득 안고 비가 내리기 시작한 섬을 떠나 밤배를 타고 돌아오면서, 그제서야 나는 고향집 앞 멀리 보이던 청회색 남산 허리를 감고 뿌옇게 묻어오던 안개비를 기억해냈다. 꿈속에서 모시 적삼 입은 어머니가 "화야, 비 묻어온다. 빨래 걷자~" 하시며 일어섰다.

2019년 6월

화항관어(花港觀魚)[28]

그런데 서호로 들어가는 공원 입구에 적혀 있는 한자가 이상하다. 물고기 '어'자 아래 점이 세 개밖에 없다. 여행사 사장님이 점이 세 개인 이유를 물었지만, 우리 일행 중에 대답하는 사람은 없었다. 영문을 몰라 하는 우리에게 그분은 물고기 밑에 점이 네 개 있으면 물고기를 불 위에 놓아 구워 먹는 모양이라 물고기 입장에선 나쁜 것이니 점 하나를 빼서 '불'을 물 '수' 자로 만들어 물고기가 물에서 놀라고 만든 글자라고 했다. 중국에 도착했을 때 네이버를 차단했다 하고 카톡도 되지 않아 답답하던 가슴이 조금 편안해지는 것 같았다. 굽지 않고 물에 넣어 주어도 수영을 못하는

28) 화항관어: 꽃 핀 물가에서 물고기를 본다 (Viewing Fish and Lotus Fronds at Flower Pond).

나에게는 이로울 것도 없지만.

중국인은 소주에서 나고 항주에서 살다가 좋은 나무가 많은 유주에서 죽어 좋은 나무로 만든 관에 들어가서 묻히기를 원한다고 한다. 마르코 폴로가 세상에서 가장 아름다운 도시라 했다는 항주, 서호로 가는 길가 정원에 태산목(중국에서는 廣玉蘭이라 했다. 玉蘭은 목련, 즉 큰 목련)이 제 이름에 어울리는 커다란 꽃을 가득 달고 높이도 서 있었다. 같이 여행을 하고 있는 조한순 작가로부터 무슨 나무인지 아느냐는 질문을 받고 태산목인 것 같다고 '태산목'이라는 단어를 말로 하는 순간 나는 빛보다 빠른 속도로 그 오랜 세월을 넘어, 그곳, 이층 교실의 창밖으로 바다와 화물선들과 아버지가 근무하시는 부산항이 보이는 수정동 경남여고로 돌아갔다. 그곳 경남여고를 떠올릴 때마다 제일 먼저 떠오르는 그림이 있다. 바로 청마 선생님 모습이다. 항상 진감색 바지와 같은 색 셔츠를 입으시는 유치환 교장 선생님은 교장실 밖에 있는 키 큰 태산목 나무 밑에서 흰 꽃잎을 줍고 있는 우리를 교장실로 불러 당신 시집 『미루나무와 남풍』에 한자로 우리 이름과 함께 '靑馬'라고 써주셨다.

바닥에 떨어진 꽃잎들을 주울 때, 눈부시게 흰 교복 상의의 풀 먹여 다림질한 허리 주름이 구겨지지 않도록 무릎을 굽혀 앉으면서, 두 손으로 교복 치마 끝을 조금 들고 한쪽에 서서 꽃잎을 모으고 있는 친구의 치맛자락에다 어디에 쓰려고 막 떨어져 아직 싱싱한 태산목 흰 꽃잎을 그리 많이도 주워 담았는지. 교실로 가져가면 다 큰 아이들이 괜히 비명을 지르며 몰려들어 주워 온 꽃잎들을 나누어 가졌다.

항주에는 노년의 삶을 아름다운 곳에서 보내려는 사람들이 많이 이주하고 있어서 노령인구가 늘고 있다고 한다. 서호는 아름다웠지만 나는 그 많은 관광객 속에서 부대끼며 노년을 보내고 싶지 않다. 항주로 이주해 살 여유가 있는 사람들이라면 어딘들 편하지 않을까 하는 생각이 들어서다. 사람도 아니고 물고기에게 '불' 위에 구워지는 대신 물에서 삶을 누리라고 받침을 '물'로 바꾸는 그런 식의 배려를 할 수 있다면 중국의 항주면 어떻고 한국의 서울이면 어떠랴. 문제는 살아있는 것들과 생명에 대한 경외심이 아닐까? 인간이 인간을 대하는 품격에 대해 생각해 본다.

2019년 6월

메리 크리스마스

"세실리아 학생~" 대학시절 어느 해 크리스마스 전날이었다. 크리스마스이브에 방 식구들이 다 나간 기숙사 방에서 몸살이 나 종일 누워 있는데 누군가 나를 자꾸 부른다. 크게 부르지 않고 조그맣게 계속 부르는 소리가 아무래도 수녀원 이 씨 아저씨 같아서 문을 향해 간신히 대답을 했다. "세실리아 학생~ 수녀님께서 학생이 종일 굶고 있다고 하셔서 죽 좀 가져 왔어요." 그 죽 때문에 벌떡 일어났던 나는 그날 밤늦게 찾아온 남자친구와 자정미사를 볼 수 있었다.

아저씨는 내가 방학에 집으로 갈 때 짐을 부쳐 주시고 개학해서 부산서 짐이 오면 찾아다 '니즈쿠리(그 시절 역에서 짐을 부칠 때 하는 포장 같은 걸 그렇게 불렀던 것 같다)를 풀어서 방까지 올려다 주셨다. 어머니가 돌아가신 날은 어서 내려가라며 내 등을 떠밀어 서울역으로 보내셨다. 그 오랜 세월이 흐르는 동안 내가 너무 힘들어 아저씨를 한 번도 찾아뵙지 못했다. 죄송하다. 어머니가 돌아가신 후, 동생들을 데리고 당신 집으로 들어오라시던 김진만 교수님께도 그렇다. 생각해 보면 고마운 분, 죄송한 분이 많다.

복학 후 회사에 다니면서 마지막 학기 강의에도 출석하고 있을 때였다. 시월이 거의 끝나갈 때쯤이었던 것 같다. 아침 통근 버스를 타느라 새벽에 일어나 식당에서 밥 한 술갈 떠먹고 나가는데, 성당 마당에 바람에 떨어진 낙엽이 한가득 쌓여 있었다. 마당에서 낙엽을 쓸고 있는 아저씨 옆에 어린 아들이 그 새벽에 일어나 종아리가 반이나 나오는 짧은 바지를 입고 아빠를 도와 낙엽을 치우고 있었다. '저걸 언제 다 치우시려고' 하면서 나는 회사 버스가 서는 시청 앞으로 뛰어갔다. 그해 유독 내 가을은 바람에 떠밀리듯 빨리 지나가고 있었다.

엉겁결에 잡은 결혼식 날이 얼마 남지 않았을 때인데 바람처럼 지나가는 시간 속에서 우왕좌왕하고 있었지만 정작 준비된 건 아무것도 없었다. 심지어 내 마음조차도 아무 준비가 되어 있지 않았다. 결혼식 전날 짐을 옮길 때는 기숙사 사감 수녀님이시던 다비다 수녀님께만 인사를 하는 둥 마는 둥 하고 떠나는 바람에 아저씨께 인사를 드리지 못했다. 그때는 결혼하고 나서 손에 뭐라도 좀 들고 수녀님도 찾아뵙고 아저씨도 찾아뵈어야지 했는데 그러지 못했다. 딸아이가 금방 자라 강성욱 선생님 사모님께서 백일에 보내주신 분홍색 상하복을 양말을 떼어내고 발이 나오게 입힐 때쯤 나는 아저씨의 착한 아들이 생각났다.

모교 강사이던 남편이 진주에 있는 대학의 전임이 되어 세 식구가 따로 나가 살게 되었을 때, '한나절 동안' 잃어버렸던 딸을 찾아준 감리교 목사님의 교회에 얼마간 나가면서 내가 감리교 신자가 되는 건가 할 때쯤 이사를 하고 아파트 근처 교회에 나갔다.

아파트 옆에 있는 조그만 교회는 목사님 아드님이 혼자 성가대를 하고 있었다. 목사님의 재수생 아들이 딸아이를 부르던 생각이 난다. 꼭 세 번씩 연속으로 불렀다. "서영아, 서영아, 서영아~" 초코파이 몇 개와 사이다 서너 병 올려놓고 감사기도 드리던 산기슭 작은 교회당의 크리스마스이브를 잊지 못한다. 목사님 아드님은 그날 밤 허스키 보이스로 「내일 일은 난 몰라요」라는 찬송가를 불렀다. 나는 지금도 아이가 혼자 놀면서 조그맣게 부르곤 하던 그 찬송가 가사 그대로 기도할 때가 많다. 목사님은 아들이 신학교에 가기를 원하셨던 것 같았지만 가끔 서영이를 보러 집에 오던 아드님은 다른 공부를 하고 싶다고 했던 것 같다. 늘 아버지 목사님을 도와 교회 일을 하던 그 친구를 보면서 정동 성당 기숙사 이 씨 아저씨의 어린 아들이 떠오르곤 했다. 힘든 아버지를 어떻게든 도와드리려고 작은 손으로 낙엽을 치우던 아저씨의 아들 기억이 평생 가슴 한구석에 남아 있어서 비슷한 상황을 마주치면 나는 성당 뜨락 그 만추의 시간으로 돌아가곤 한다.

50년 전 크리스마스이브에 우리가 자정미사를 드린 정동 대성당에서 작년 12월 23일 주일 미사 때 남편이 세례를 받았다. 그리고 다음 날인 12월 24일 밤 우리 부부는 동생과 조카 명주, 명주 딸 하영과 함께 자정미사를 드렸다. 나는 그 '사건(남편이 느닷없이 세례를 받은 일)'을 두고 대학 때 수녀원 기숙사에 사는 동안 매일 새벽 다섯 시에 수녀님들과 같이 미사를 드린 상을 이제 주신 거라 생각할 때가 있다. 아이가 멀리 가 있는 동안 매일 새벽미사에 나갔던 건 상 받을 일은 아니라는 생각이지만 혹시 그 상도 주시면 꼭 받고 싶은 상이 있긴 하다.

기숙사에서 지내는 동안 우리가 무언가를 해달라고 발을 구를 때마다 그게 무슨 일이든 다 해결해 주시던 아저씨를 우린 참 좋아했다. 어느 날, 제부 신부님이 돌아가신 다음에도 대성당에서 성가대를 하는 동생에게 아저씨 이야기를 물어보았다. 연세에 비해 늦게 보신 듯했던 그 아드님이 어떻게 자랐는지 궁금하다고 했더니, 동생이 "이 씨 아저씨 아들, 서울

대 교수님이야." 했다.

하루에도 몇 번씩, 바쁜 아저씨를 별것도 아닌 일로 찾아대던 우리가 아저씨께 고마운 인사를 잊고 사는 동안, 누군가 착한 아드님을 공부도 시키시고 건강하게 자라서 교수님도 되게 하셨다. 우리의 고마움과 미안함도 기도로 쳐주신 거였을까? 원고 청탁 제목 중에 「메리 크리스마스」를 보는 순간 아저씨 생각이 났다. 그 많은 크리스마스가 지나갔는데도 나는 한 번도 성당에 들러 아저씨를 찾았던 적이 없다. 오늘은 아저씨께 인사를 드리고 싶다.

"메리 크리스마스 아저씨, 고마웠어요."

2019년 겨울

징검다리

겨울이 가고 봄이 반은 와있을 때쯤의 기억이다. 집에서 한 삼십 분쯤 산 쪽으로 가면 산기슭을 돌아 흐르는 꽤 너른 시냇물이 나왔다. 우리 집에서 몇 집 아래 있던 외갓집에서 잘 놀던 나는 키도 크고 힘도 세던 이모가 '내리내' 물가로 빨래를 하러 가면, 때론 이모 손을 잡고 걸어서, 때론 바구니 든 이모 등에 업혀서 따라가곤 했다.

내리내 물가에 가면 건너편에 빨래하기 좋은 돌 몇 개가 놓여있는 곳으로 징검다리를 건너서 갔는데, 얕은 데도 있었지만 내가 빠지면 떠내려갈 것 같은 깊은 곳도 있었다. 바닥에 산에서 내려온 돌들이 깔려 있는, 내 눈에 강물 같은 넓은 냇물이었다. 내를 가로질러 건너편까지 내 보폭에 닿지 않는 너비로 제법 크고 반듯반듯한 바윗돌들이 놓여 있는 다리를 이모가 한 칸씩 먼저 건너가서 팔을 내밀어 뒤쪽 돌 끄트머리에서 팔을 뻗고 있는 내 손목을 꽉 잡고 돌 사이를 자기 손에 매달다시피 하면서 건네주었다. 키도 작고 몸도 약했던 나는 그때까지도 또래보다 많이 작았다. 내 키가 중간보다 더 컸던 건 고등학교에 들어간 다음이었다.

몇십 년 세월이 흐른 후에 이모가 의정부에 있는 손윗동서 집에 왔다며 연락을 했다. 동생과 같이 의정부로 이모를 보러 가면서 그때는 내비게이션이 없을 때라 차가 신호등에 서면 옆 차선의 택시 기사에게 아파트를 물어가며 찾아갔다. 이모는 넷째 아이를 낳고 나서 이모부가 교통사고로 돌아가서 많이 힘들었는데 지금은 큰애가 직장에 다니고 있어서 사는 건 괜찮다고 했다. 어릴 때는 키 큰 이모가 엄마보다 조금 아래인 줄 알았는데 나보다 여섯 살밖에 안 많았다.

그날 급히 가면서 얼마간의 돈을 넣고 가긴 했는데 이모를 만나고 나서 좀 더 챙겨 올 걸 그랬다 싶었다. 외삼촌이 논밭을 반은 팔아 양계장을 하다가 닭들이 전염병에 걸려 다 죽자 계사를 갈아엎어 버리고 그 자리에 두부 공장을 하고 있던 것까지는 알고 있었다. 내가 대학 때 집에 가면 외삼촌이 따뜻한 두부를 가지고 올라와서 어머니가 만들어주신 양념장을 올려 맛있게 먹었던 기억이 있어서다. 외삼촌이 그 후에 두부 공장들과 연합해서 두부회사를 한다고 하는 걸 보면 내가 이모를 걱정하진 않아도 되겠다 싶긴 했다. 그래도 집으로 돌아오면서 이모 팔에 매달려 수십 번 아니 스백 번 '내리내' 너른 물길 징검다리를 건너던 생각이 나서 동생한테 아무 말도 하지 않고 조금 울었다. 애들이 직장에 나간다 하고 외삼촌이 집을 여러 채 가지고 있고 이모도 거기서 같이 산다고 하는 걸 보면 사는 걱정은 없겠다 싶었지만 그래도 마음이 미안하고 좋지 않았다. 어릴 때 어른인 줄 알았던 이모가 나보다 고작 여섯 살밖에 안 많았다. 여섯 살 많은 이모한테 많이도 업혀 다녔다.

내가 색채 일을 시작하면서 방송에 나갈 때 연락을 해왔던 초등학교 동창생들이 가끔 톡을 한다. 지난 연말에 한 친구와 통화를 하면서 동창들 이야기를 주고받다가 친구는 얼마 전 주례 우리 동네를 지나갔는데, 옛날 철둑 너머 우리집이 있던 동네도 (예전에 사람들이 '말랑등'이라고 불렀지만 무슨 말인지도 어떤 글자인지도 모른다), 철길 아래 신작로 쪽 동네도 아파트를 짓는지 다 파헤쳐서 아무것도 없더라고 했다. 문득 아버지가 문화주택을 짓는다며 살던 집 본채를 허물고 공사를 하면서 아래채가 좁아 나만 외가에서 한동안 지냈던 생각이 났다. 호랑이 아버지는 집을 짓는 동안 퇴근해 오시면 낮에 인부들이 쌓아올린 벽돌벽이 마음에 안 드셔서 밤중까지 그 벽을 허물고 다시 쌓았다. 그 못 말리는 성질을 내가 그대로 닮았다고 한다.

상업학교를 나와 태화고무 경리로 일하던 이모가 밤중에 퇴근해서 늦은 저녁을 먹을 때 고무냄새와 찬 기운에 잠이 깨곤 했다. 이모는 고무냄새 묻은 옷을 그냥 입은 채 늦은 저녁밥을 맛있게도 먹었다. 외할머니는 이모가 밤중까지 일하느라 고생한다며 저녁 늦게 냄비에 밥을 따로 짓고 김구이에 계란 반찬까지 챙기셨다. 내복 바람으로 밥상 옆에 붙어 앉아서 외할머니가 고춧가루를 넣어 만드시던 달고 매운 멸치조림 한두 개를 얻어먹던 생각에 멀리멀리 돌아가 이모 손을 잡고 내리내 징검다리를 건넌다.

나는 누군가의 손을 잡아 징검다리를 건네준 적이 몇 번이나 있었던가… 이한재 시인의 「징검다리」 마지막 연이 생각난다.

오늘 이 다리를 건너며
나는 누군가의 발밑에 엎드려
징검다리가 되어 본 적 있었는지
바쁘게 휘몰아온 세월을 되짚어 보는데

2021년 3월

프러시안 블루(Prussian Blue)

미사가 끝나면, 지하식당에서 간단한 식사를 한 다음, 동생이 다음 주 미사에서 부를 성가 연습이 끝나기를 기다려서 연습실 옆 작은 방에서 남편이 조카 명주랑 같이 가서 사 온 카페라떼를 마신다. 동생에게 지난주 내내 생각했던 '프러시안 블루' 컬러 스타킹을 어디서 파는지 물어보았다. 동생이 늘 신는 스타킹 색이다. 검정 스타킹만 신는 내가 푸른색 스타킹을 찾는 게 이상했는지 한번 쳐다보더니 내가 잘 못 찾을 거라며 "담 주에 사다 줄게" 한다. 그 색 스타킹을 파는 데가 따로 있는 것 같았다. 가끔 검은색이 아닌 옷도 입지만 그 옷들도 거의 다 짙은 색이라 검은 스타킹이 편해서 내가 한 번도 생각해 본 적 없던 푸른색 스타킹이다.

십여 년 전에 갑상선암 수술을 받았다. 수술을 많이 했지만 그래도 암수술은 처음이라 마음은 편치 않았다. 수술 전, 딸아이와 명동성당에 나갈 때였는데 미사가 끝나고 나오다가 다음 미사에 들어가시는 신부님께 기도를 부탁드렸다. 신부님은 갑상선암은 여자 경우에 예후가 나쁘지 않으니 너무 걱정하지 않아도 된다고 하시며 나를 안심시켜 주었다. 오래 암 병동에서 말기 환자들을 만나왔고, 갑상선암 경우도 생존율이 낮은 경우가 있는 줄은 알았지만 병실에서 갑상선암 환자를 본 적은 없었다.

수술한 지 얼마 되지 않았을 때였다. 의사가 권하는 로봇 수술을 했는데 수술이 깔끔하게 끝나지 않았고 힘든 일도 있어서 마음도 편치 않고 우울할 때, 동생 부부가 커다란 보따리를 들고 들어섰다. 연안부두에 다녀왔다며 해산물을 많이도 사 왔다. 제부가 성공회 인천 성당에서 시무할 때여서 부부가 연안부두에 가끔 가는 것 같았다. 늘어져 있는 내 꼴을 보더니 동생이 가져온 해산물들을 다듬고 조리하기 두어 시간, 그 많은 해물들을 그래도 내가 조금 움직이면 먹을 수 있게 해 주고 갔다. 사실 그때 나는 요오드 섭취에 신경을 쓰고 있을 때였다. 그런데 그게 끝이 아니었다. 월요일이면 제부가 성당 일을 쉬는 날이라 거의 매주 연안부두를 한아름씩 날라 와서 풀어놓고 가곤 했다. 거의 매주 사다 주는 해산물들을 한 주일 동안 먹느라 바빴다.

내가 암수술을 받고 나서 몇 년 후, 동생 부부가 차례로 암수술을 받고 나서 항암치료가 끝났을 때쯤부터 우리는 동생 부부와 가끔 평창동 북악정에서 만나 식사를 하곤 했다. 남편이 장난인지 진심인지 거기가 거리적으로 연대와 고대 딱 한가운데여서 고대 출신 우리와 연대 출신 제부가 만나는 거라 그곳을 식사 장소로 택했다고 했다.

남편이 고대 농구부장 보직을 할 때, 9월 말에 열리는 고연전 전에 연대와 고대의 운동부 부장 보직을 맡고 있는 교수들이 연대에서나 고대에서 거리가 같은 북악정에서 만나 회의를 했었다고 했다. 그렇게 일 년에 한두 번은 고연전을 하던 두 동서가 칠순이 되던 몇 년 전, 제부 신부님이 갑자기 세브란스 병원에 입원했다. 우리는 얼마 있으면 퇴원할 수 있을 줄 알고, 남편과 동갑인 제부가 생일이 12월이라 남편 생일인 유월에 칠순을 하지 않고 제부가 퇴원하면 같이 하자며 생일잔치를 미뤘었다.

내가 동생에게 프러시안 블루 색상의 스타킹을 사달라고 했던 건 제부 생각이 나서였다. 오래전 동생이 신은 푸른색 스타킹의 색이름을 물었더니 "이거 프러시안 블루야" 하면서 자기가 좋아하는 색인데 명주 아빠가 그 색 스타킹을 사다 준다고 했었다.

베를린의 연금술 실험실에서 만병통치약을 연구하던 중 발견된 청색 색소가 바로 프러시안 블루라 한다. 동생이 지금쯤 그 푸른색 스타킹을 사면서 내가 왜 안 신던 프러시안 블루 컬러 스타킹을 사달라고 했는지 알아냈을까? 2019년 9월

숨을 쉴 수 없어서

오래전, 처음으로 자다가 숨이 막혀 응급실에 간 적이 있다. 공부하거나 술을 마시거나 항상 새벽에 자는 남편을 깨우기 그래서 혼자 숨을 몰아쉬면서 운전해서 병원에 갔다. 차로 십 분이면 가는 거리이기도 했지만 내가 암 병동에서 호스피스를 하고 있어서 일주일에 하루는 가 있는 곳이라 익숙했기 때문이기도 해서였다. 새벽 네 시경이었는데, 병원에 갈 때는 응급실에 도착하면 바로 숨을 잘 쉴 수 있게 해주겠지 하고 갔는데 의사는 일곱 시에야 내려왔다.

밤 응급실은 참 무서웠다. 내가 갔던 그날은 이층에서 떨어져서 엉덩이뼈가 다 박살이 났다는 피투성이 독일인 말고도 술에 취해 다친 사람이 여럿 있었고 싸우다 다친 다른 이들도 시간이 지체되면 죽을지 모르는, '기본적으로' 일단 피투성이인 사람들이 대부분이었다. 다행인 건 그 사람들은 절체절명의 순간에 살려달라고 도움을 청했을 것이고 지근거리에 있던 누군가가 외면하지 않고 그들을 병원으로 데려와서 살 수 있게 된 거였다.

응급실 분위기에 겁을 먹고 있던 나는 세 시간을 기다려서 의사를 만났지만, 그때는 좀 진정이 된 다음이라 아무 처치 없이 다시 집으로 왔다.

그날 그냥 집에 돌아온 후에는 숨이 막혀도 스스로 해결(일어나서 창을 열고 심호흡을 하면서 발코니에서 왔다 갔다 하는 정도가 다이지만) 해보려고 애쓰다 보면 숨이 돌아온다. 내가 느끼는 죽을 것 같은 숨 막힘이 그다지 심각한 게 아니었던 거다. 나는 그 정도면 죽는 줄 알았는데 내가 내 상태를 너무 높게 잡았던 모양이다. 죽으려면 그보다 훨씬 더 많이 아프거나 완전히 숨을 쉴 수 없을 정도가 되어야 하는 것 같았다. 응급실은 혼자 운전해서 갈 정도의 환자(?)가 가면 민폐가 되는 그런 곳이었다.

혼자 응급실 체험을 제대로 한 후 느낀 게 있다면 꼭 올 일이고 피할 수 없는 일이라면 그 사건이 어떤 식으로 일어나든 내가 임의로 어떻게 할 수 있는 일이 아니라는 자각이 하나이고 또 하나는 그 사건이 소나기처럼 오건 벼락처럼 오건 그 순간까지 내 삶에 최선을 다하는 것만이 내가 할 수 있는 유일한 대처라는 것이다. 그다지 찬란할 것도 없지만 또 그다지 남루하지도 않은 내 삶이니 마무리도 잘해야 해서다. 문득 내가 가끔 숨 막히는 이유를 알 것 같은 생각이 든다.

버린다는 것에 대한 성찰

우리 부부는 잘 싸우지 않는다. 유일하게 싸우는 단골 아이템이 하나 있는데 바로 남편의 '내다 버리는 버릇이랄까 본능'이 그것이다. 스무 살까지 내가 살아온 익숙하던 가정이라는 개념이 내 안에서 서서히 붕괴되기 시작할 즈음에 사건이 하나 일어났다. 결혼한 지 얼마 되지 않았을 때였다. 마루에 형광등이 나가서 공부하고 있는 신랑에게 전구를 갈아달라고 했는데 서재에 들어앉은 사람은 들은 척도 않는데 안방 문이 벌컥 열리면서 어머님이 뛰어나오셨다. "내가 하마". 나도 할 수 있었지만 나는 의자를 놓고 올라서야 해서 해달라고 했던 건데, 키가 크니까.

우리 집에서는 아버지께서 요리 말고는 모든 일을 다 하셔서 형광등 전구 바꾸는 일이 온 집안을 뒤집어 놓을 만큼 큰 사건이 되는 줄 몰랐다. 학자라는 신분이 갖는 모든 세상사에 대한 면책특권이라는 게 같이 사는 사람 누군가에게는 얼마만한 무게를 감당해야 하는 일인지 그때는 몰랐다.

어릴 때 할머니께서 노래처럼 말씀하시던 갑자기 쏟아진 소나기에 마당에 널어놓은 나락이 다 떠내려가도 할머니가 머슴들과 들여놨지 학자 할아버지는 사랑에서 내다본 적도 없다는 얘기를 들으면서 자랐지만 내 앞에 실제상황이 벌어질 때마다 나는 매번 머리를 얻어맞는 느낌이었다. 집안에 아예 남자가 하는 일이라고는 오로지 공부밖에 없다는 사실이 당연시되는 상황이 전개되는 동안, 당사자는 물론이고 가족 구성원 누구도 그 무게를 온전히 다 떠안는 사람에 대한 배려는 당연히 없었다. 나는 가끔 생각한다. 그때 그 빌어먹을 형광등인지 신랑인지를 박살 내고 말았어야 했다고.

세월이 흘렀고, 케임브리지에서 보낸 일 년 동안 설거지를 해주던 남편이 귀국해서 집에 왔을 때 내가 말리는데도 식사를 하고 나서 설거지를 하다가 어머님이 나오시는 바람에 난리가 났었다. 너무 화를 내셔서 나는 벌벌 떨고 있는데 남편은 몇 번 하시다 마실 거라며 식사가 끝나면 그릇을 싱크대로 옮기는 것부터 해서 설거지를 했다. 진주 시절, 우리가 처음 나가 살 때부터 쓰레기를 밖에 내다 놓는 일은 남편이 해줄 때가 많았는데, 어머님은 그것도 못마땅해하셨다. 그럼에도 불구하고 저녁에 일이 있을 때 말고는(보통 저녁에 늘 일이 있다) 두 가지 서비스(?)를 지금까지 계속해 준다.

버리는 문제의 시작이 진주 시절부터였던 것 같은데 쓰레기를 밖에 내다 놓는 일을 해주면서부터인지 아니면 그전에 이미 책장에 맞추느라 필요 없는 책을 버리기 시작했을 때쯤 생긴 습관인지, 남편은 내가 집에 없을 때 가끔 집 안에 있는 물건들을 내다 놓기 시작했다. 책장 구석 자리에 내가 보는 책을 꽂아놓고 금고 삼아 책 속에 돈을 모아두었다가 십만 원이 되면 수표로 바꿔서 넣어두곤 했는데 어느 날 보니 그 '금고책'이 없었다. 그 상황에 남편은 필요 없는 책을 버려야 책장이 견딘다고 했다. 나는 그때부터 내 책이나 물건은 건드리지 말라고 일 년에 백 번씩 말하고, 남편은 그래야 책장이 견딘다는 말을 수십 년간 줄기차게 해 오고 있다.

우리 집은 온 집안의 벽이란 벽은 책으로 가득 차서 아예 수납장이 없다. 수십 년 동안, 어머님이 돌아가시기 전까지 일 년에 몇 번씩 많게는 수십 명씩 손님을 칠 때 음식을 차리던 대형 마피아 식탁(한샘에서 샀지만 마피아 영화에 실제로 나옴)이 지금은 내가 영어성경 필사를 하는 데 필요한 것들과 남편이 아침에 스스로 명필이라 주장하며 쓰는 붓글씨 관련 물품 외에도 벽장에 들어가야 할 물건들로 가득하다.

그 책 속에 들어있던 수표가 10만 원짜리 넉 장, 사십 만

원이었는데 그때 국립대학 교수인 남편 월급이 6만 원이었다. 부산이 가까워서 친정 나들이를 한 달에 한 번은 한 탓도 있었지만, 그때만 해도 소비라는 게 식비와 책값, 아이가 자라는 대로 사야 하는 옷이나 신발 정도가 다여서 거금(?)을 모을 수 있었던 건데 그렇게 되고 말았다. 시동생이 회사에 나가고 있었지만 그런 사정과 상관없이 나는 6만 원 월급에서 2만 원을 매달 어머님께 송금하고 돈을 부친 우체국에서 안부 전화를 드렸다. 그 일 때문에 한동안은 “이거 버려도 돼? 저거 버려도 돼?” 하던 기억이 좀 있긴 하다.

그 후에는 학교에서 월급을 통장으로 받아서 내가 책 속에 돈을 넣을 필요가 없어졌다. 지금은 남편이 내가 유독 애정(?)하는 예쁜 플라스틱 텀블러들을 쓰레기를 내가면서 함께 내다 버리는데 별것도 아닌 플라스틱병들이라 없어져도 모를 때가 더 많았을 것이다. 뚜껑째 버리면 내가 알지도 못하고 넘어가는데 남편이 어떤 때는 뚜껑을, 어떤 때는 몸체를 버려서 내가 소리를 한다. ‘물어보고 버리라고!’. 뚜껑이 없는 예쁜 병이나 뚜껑만 남은 볶은 깨를 담아두는 병이 아까워 속상해하다가 어느 날, 버린다고 뭐라 하기만 했지 원래 안 하던 버릇이 언제부터 생겼는지 왜 생겼는지를 생각해 본 적이 없다는 걸 깨달았다.

처음 교수가 되었을 때다. 남편은 ‘어머님 서운해하신다며’

자기 혼자 진주로 가서 여관에서 하숙을 하더니 친정아버지한테 한소리 듣고는, 그래도 '어머님 서운해하신다며' 장롱은 건드리지도 못하게 해서 이불만 들고 세 식구가 살림을 났다. 결혼할 때 친구가 디자인해서 맞춤 제작으로 만든 멀쩡한 장을 비워놓고 옷가지들과 책들, 이불만 가지고 '분가'를 한 거다.

진주에 가서는 책을 연구실 책장에 두는데도 집에 쌓아두는 책이 많아졌다. 이사를 몇 번 하다 보니 유일한 보물인 책을 옮기는 게 힘들고 박스에 담아 옮긴 책을 정리하느라 고생하는 거 같아서 박스째 옮기라고 한 면만 열린 나무 상자를 주문 제작으로 벽 하나를 채울 정도로 꽤 여러 개 만들었다. 이사할 때, 박스들을 그대로 옮겨서 벽에 쌓기만 하면 됐으니까. 그런데 벽에 맞춘 책 상자에 들어가는 책이 한정되다 보니 거기에 맞추느라 필요 없는 책을 버리던 습관에서 시작해 이제는 내 주관 영역인(지금도 설거지는 해준다) 부엌에 있는 플라스틱 용기들을 내다 버리게 된 건지도 모른다는 생각을 해본다. 고작 플라스틱 텀블러 나부랭이들 내다 놓는다고 내가 좀 심하다는 생각이 들기도 한다. 정리하고 버리지 않으면 주방도 내 마음속도 온통 물건으로 추억 조각들로 과부하가 걸릴 테니, 많이 버려야 한다는 남편 말이 맞는 것도 같다.

올해는, 내 옷장을 뒤져서 옷을 반쯤 내다 놓는다든가 일본서 사온 내가 좋아하는 요리책을 내 책장에서 빼다 출판사인지 어디에 갖다 주지 않으면 그냥 넘어갈 생각이다. 나라고 물건도 기억도 많이 버리고 꼭 필요한 것만 가지고 마음 홀가분하게 살아봐야겠다는 생각을 안 해본 건 아니니까.

2021년 1월

내가 잃어버린 인연들

내가 한글을 읽을 수 있게 되었을 때 신문에 연재되던 『삼국지』를 아버지께 읽어드렸다. 할아버지 할머니께서 아침상을 물리시면 사랑에 가서 할아버지께 천자문을 배우고 낮에는 혼자 놀았다. 저녁에 아버지께서 시계처럼 퇴근해 오셔서 저녁식사를 끝내시면 신문을 들고 안방으로 가서 아버지께 신문에 연재되는 소설을 읽어드렸는데 삼국지가 끝난 다음 연재되던 소설을 읽다가 좀 불편해하는 걸 아셨는지 글자를 다 익힌 것 같다고 하시며 이제 그만 읽어도 되겠다고 하셨다.

그 후에도 한 이삼 년은 더 신문 소설을 읽었던 것 같다. 삼국지 이후에 연재되던 소설을 읽다가 무슨 뜻인지도 모르고 이상한 기분이 들어 머뭇거렸던 부분을 지금도 기억하는

데 '비너스의 계곡'이라는 말이었다. 젖가슴을 말하는 건가 생각하느라 머뭇거렸던 것 같다.

동화와 비슷한 시기에 대중소설을 접해서였는지 나는 혼자 놀면서 속으로 늘 무슨 이야기들을 지어내곤 했었다. 집 밖에 나가는 일이라고는 저녁때 철길을 넘어가서 몇 살 위 오빠네 집에 세든 이가 나무로 만든 쪽문을 열고 박하사탕과 알사탕, 학용품, 바람개비 등을 팔던 가게에 다녀오는 게 다였다. 박하사탕은 매워서 알사탕을 사서 입에 물고 다시 철길을 넘어왔다. 사랑에 할아버지 친구분들이 오시면 모시 적삼 입은 할머니 산책길에 따라나서기도 했지만, 그때도 마음 속으로는 할머니가 아닌 마의태자 손을 잡고 걸었다. 글자 익히라고 삼국지 읽히신 아버지가 그 후로도 연재소설을 너무 오래 읽히신 결과였는지 늘 혼자라 외로워서 만들어 낸 내 유일한 놀이는 이야기를 지어내는 것이었다.

'비너스의 계곡' 이후 내가 찾아낸 이야기 놀이가 그 후로도 오랫동안 내 친구였다. 내가 말을 잘하지 않았던 건 늘 상대방을 관찰하고 이야기를 만들어 내느라 생각이 많아 그랬던 것 같다, 다른 사람이 하는 말을 가만히 듣고 있다가 그 사람이나 그가 하는 말이 싫으면 바로 돌아섰다. 어른도 애도 어떻게 늘 맘에 들기만 하겠는가? 그렇게 바로 돌아서 버릇하던 행동이 남들에게는 까칠하게 보였을 테고 그런 식의 관계 단절이 나를 내가 만든 친구인 마의태자에게 올인하는 식의 놀이에 빠지게 만들었던 것 같다. 내 친구 '그'는 늘 바뀌었지만, 그가 가슴에 아이를 품고 싸우던 조자룡이든 아버지가 사다 준 동화책에 나오는 키다리 아저씨든 그는 내가 '원하는 모습으로' 항상 내 옆에 있는 존재였으니까.

언니나 오빠가 있었으면 싸우고 마음에 들지 않아도 같이 사는 관계를 배울 수 있었을지 모른다. 어린 내 곁에 아무도 없던 그 시절에 생긴 버릇대로 사람과의 관계도 일도 마음에 차지 않으면 너무 쉽게 끝내버렸던 것 같다. 관계가 조금이라도 불편해지기 시작하면 여지없이 쳐내버리는 게 나' 장기였다고 할까 그랬다. 그렇게 파투낸 관계가 얼마나 많았는지 돌이켜본 적이 없는 건 아니지만 이제 와서.

내 삶에서 지워버린 많은 인연들을 더러는 영화를 보다가도 만나고 더러는 책을 읽다가도 만난다. 그 생소함이라니. 나는 어쩌면 세상을 살면서 내 삶 안에 들어오는 인연들을 쳐내느라 너무 힘을 뺐는지도 모른다. 아무에게도 곁을 내주지 않고 그렇게 지키려 한 게 내 안의 어떤 가치였을까? 그런 식으로 다 쳐내고 나서 혼자 견디는 게 가능하지 않다는 걸 몰랐던 걸까?

처음 한 놀이가 잘못된 거였다는 생각도 든다. 그냥 처음 내가 사랑했던 그 또는 그녀와 인생을 같이했다면 사는 게 좀 달랐을지도 모른다는 생각이 들 때도 있다. 삶이 무지개 같지는 않다하더라도 말이다. 그 수많은 인연들을 다 내치느라 그토록 힘들지도 않았을 테고.

그런데 생각해보니 그 첫 친구가 마의태자 아니었나. 시작이 잘못된 거였는지도 모를 일이다. 키다리 아저씨 정도에서 멈췄으면 나이 들어 좋은 키다리 할머니가 될 수 있지 않았을까? 몇 사람이라도 내 소설(무서운 이야기가 아닌, 적어도 사람을 죽이고 그가 가지고 있던 모든 것을 빼앗는 나쁜 사람이 나오지 않는)을 읽고 잠시 행복할 수 있는 그런 아름다운 이야기를 쓰고 싶었던 내 꿈이 좌절된 분풀이로 옆에 누가 와도 다 쳐내고는 이 나이에 다시 어린 시절의 외톨이로 돌아가고 싶은 건가.

내 인생에서 밀어낸 많은 인연들이 나보다 나은 더 좋은 인연들을 만나 나처럼 편안한 삶을 살고 있기를 바라는 마음으로.

2020년 12월

사우(思友), 동무 생각

겨울에도 가늘어진 줄기 끝에 간간이 꽃이 피던 한련이 아주 죽지는 않았음을 알려주던 차원을 넘어 이제 새로 올라온 줄기에 제대로 된 꽃을 피우기 시작했다. 늘어져 내려간 줄기가 바닥을 치면 다시 위로 올라오면서 줄기 위를 꽃으로 덮고 있다.

초여름 언제, 오랜만에 만나는 친구가 새로 생긴 청계천을 못 봤다고 했다. 달라진 서울 길을 잘 모르는 친구에게 남산 쪽에 있는 집에서 동대문 쪽으로 걸어 내려오면 된다 하고 DDP에서 만나자고 했다. 친구는 걷지 않고 택시를 타고 왔다. 우리는 청계천 물가로 내려가 다음 다리가 나올 때까지 잠시 걸었다. 다리 아래 계단에 앉아서 만나지 못한 몇 년 동안의 안부를 물으며 시간을 보내다가 삼청동 '산에 나물'에 점심을 먹으러 갔다.

건물 옆에 붙어 있는 식당으로 올라가는 계단이 좀 높아서 그날은 덜컹거리는 느낌 때문에 잘 타지 않던 엘리베이터를 타고 올라갔다. 조용하고 단아한 식당 분위기가 오랜만에 만나는 친구와 어울릴 것 같아 그곳을 골랐는데, 친구가 창에 길게 걸린 옅은 파스텔 톤의 모시 커튼과 정갈한 음식들 그리고 수제 도자기 식기도 좋아하는 것 같아서 다행이었다.

우리 식구가 케임브리지에 살 때 외교관인 남편과 로마에 살던 친구와 가끔 전화를 했었다. 딸아이 부활 방학에 우리 식구가 로마에 갔을 때는 친구네가 살던 고풍스러운 저택에서 한 주일 넘어 지내며 신세를 졌다. 우리끼리는 다니기 힘들었을 장소들을 친구 남편이 시간을 내주어서 함께 다니면서 로마 관광을 편하게 했다. 우리가 케임브리지 대학의 방문 교수들과 함께하는 단체 여행으로 갔으면 누릴 수 없는 호사였다. 열여섯 살 서영이가 '스페인 계단'에서 「로마의 휴일」에 나오는 오드리 헵번처럼 아이스크림을 먹으며 걸어 내려오던 예쁜 기억도 있고, 트레비 분수에서 뒤돌아서서 동전을 던지며 정말 다시 올 수 있는 거냐고 재미있어하던 모습도 생각난다.

소렌토에서는 아는 노래 「돌아오라 소렌토로」가 곳곳에서 흘러나와 놀랐고 오렌지가 주렁주렁 달린 가로수에 한 번 더 놀랐다. 바닷가 기념품 가게에서 친구에게 줄 쟁반을 샀던 것 같은데 확실치 않다. 우리는 계속 짐을 놓고 친구네를 베이스로 움직이고 있었다. 베수비오 화산 폭발로 유명한 폼페이에서는 조개껍질에 사람 얼굴이 양각으로 새겨져 있는 브로치를 구경하다가 어머니를 꼭 닮은 얼굴을 발견하고 분홍색 브로치를 샀었다. 그 분홍색 보석 이름이 생각나지 않아서 화장대를 뒤졌는데 이번엔 브로치를 못 찾았다. 조개껍질로 만든 브로치는 '셸 카메오'라 부르는 폼페이 특산품 중 하나였다.

후에 밀라노를 빼고 마지막 행선지인 베네치아에 갔을 때 그곳이 너무 좋아서 우리는 언제 꼭 다시 오자고 했다. 산마르코 광장의 성당 첨탑에서 귀를 막아도 천둥 같던 종소리만큼이나 베네치아는 아름다운 충격이었다. 광장에서 보이던 산타마리아 성당(Santa Maria della Salute)의 아름다운 푸른 지붕이 좋아서 가까이서 보려고 그쪽에 호텔을 잡았었다. 그 푸른색은 성모승천축일이 들어있는 8월 한 달 동안 성당 기둥에 길게 걸리는 걸개그림 속 성모님의 옷 색깔이다.

에어택시부터 곤돌라 뱃사공의 노래까지 친구 남편의 브리핑을 숙지하고 떠난 베네치아 여행이어서 물 위에서 에어택시를 탈 때도 나름 아는 거라 별로 놀라지 않았다. 그럼에도 불구하고 정작 곤돌라를 타고 다리들을 지나가는 동안 영어

실력도 노래 실력도 환상적이던 뱃사공이 우리가 신청한 노래 한 곡을 마쳤을 때는 입이 다물어지지 않았다. 그가 한 곡을 더 신청해도 된다고 말하는 찰나에 서영이가 곤돌라를 타기 전에 사준 오카리나로 아저씨가 부른 노래를 연주(?)하는 바람에 그날 곤돌라의 가수는 시간 관계로 두 번째 노래를 부르지 못했다. 곤돌라에 관광객을 태우는 뱃사공들이 영어도 노래도 시험에 통과해야 한다는 친구 부부가 알려준 '사전 지식'이 있었지만 그렇다 해도 사공님은 노래를 잘 불러도 너무 잘 불렀다. 베네치아를 떠날 때 우리는 뒷골목에 숨어 있는 박물관과 바닷가의 가로등까지 그곳의 모든 것을 다 좋아했다.

부활 방학이 끝나는 날에 맞추어 영국으로 돌아오면서 좌석이 없어 비행기 앞쪽에 타고 왔다. 식사는 좋았지만, 케임브리지 집에 돌아온 후 우리는 비행기 요금으로 한 달 치 생활비에 해당하는 카드대금을 결제했다. 친구에게는 말하지 않았다. 친구가 없었으면 로마에서의 관광도 호텔도 그 이상의 비용이 들었을 터였으니까.

식사를 하고 나오면서 식당 옆에 있는 작은 정원으로 나가 잠시 정원을 돌아보았다. 그 높이에 위가 트인 햇빛 좋은 흙마당이 있는 건 뜻밖이어서 전에도 그 식당에 가면 정원의 벤치에 앉았다 오곤 했는데, 친구와 같이 간 그날은 마침 마당 한쪽에 노랗고 빨간 한련 꽃이 흐드러지게 피어 있었다. 친구는 불가리아 사람들은 한련 이파리를 샐러드에 넣기도 하더라고 했다. 그 기억으로 나는 초여름 내 발코니 정원에 한련이 무성할 때면 식탁에 상추쌈을 올리는 날 친구 생각에 한련 이파리 몇 개를 따다 바구니에 같이 담아보기도 한다.

중학교 2학년 때 이 노래를 배웠는데, 내 기억 속의 마음이 우울했던 건 먼 훗날 내 곁에 없는 친구 생각을 하면서 이 노래를 부를 거라는 생각을 했기 때문이었던 것 같다. 그래서 나는 이 노래를 조금은 가슴 아프게 기억한다. 내 정원에 계절보다 먼저 핀 한련 꽃을 보면서, 아름다운 시절을 함께 했던 친구 생각에 같이 부르던 「동무 생각, 사우」를 가만히 불러본다. 꽃이 어린 시절의 우리 꿈처럼 곱다.

2019년 4월

맘보바지 다음 청바지

경남여중 입학시험을 보러 갔을 때 정일종 교장 선생님이 내게 주신 면접시험 문제는 '하늘이 왜 파란색인가' 였다. '원래는 파랗지 않은데 햇빛 때문에 파랗게 보이는 것 같다'고 한 내 대답이 정답이었는지 궁금했었다.

독일의 과학 저널리스트인 카이 쿠퍼슈미트[29]는 "파랑은 물리학이다"라는 말로 시작하여 "하늘과 바다가 파란 까닭은 빛의 파장이 특정한 방식으로 공기나 물속의 분자들과 만나기 때문"이라고 한다. 그 후에 비슷하게 알고는 있었지만 중학교 입학시험에서의 내 대답이 거의 정답이었던 거다. 교장

---

29) Kai Kupferschmidt: 1983년 독일 본 출생으로 본 대학에서 생물 의학 전공. 베를린 저널리즘 학교에서 교육 받고 과학 저널리스트로 활동 중. 「사이언스」 지의 기고 특파원이자 프리랜스 기자. 여러 신문에 전염병, 식품 과학, 영양, 진화 및 과학 정책에 대한 글을 싣고 있다. 저서 『블루의 과학』 *BLAU*

선생님의 그 질문이 내게 있어 색채와의 인연의 시작이었는지도 모른다는 생각이 들기도 한다.

열서너 살 때 어머니가 사주신 맘보바지를 처음 입었다. 그래서 아이들이 나를 '박맘보'라 불렀고 막 초등학교에 입학한 동생은 아이들이 자기를 '작은 맘보'라고 놀렸다며 울고 들어왔다. 그 좁은 바지를 내가 좋아했던 기억이 나지만 아이들이 그렇게 부를 때는 속상했다. 맘보바지와 청바지 사이에 어떤 바지를 입었는지는 생각나지 않는다.

수십 년 전 내가 입었던 맘보바지를 까맣게 잊고 있었는데 첫 수필집을 내고 나서 가끔 톡을 하던 초등학교 친구 덕분에 내가 맘보바지를 입었던 오래전 기억이 났다. 오재엽 친구는 내 맘보바지와 작고 약한 딸 때문에 학교에 들락거리던 우리 어머니를 기억하고 있었다.

카이 쿠퍼슈미트는 "파랑은 화학이다"라는 말도 한다. "인디고 색소를 이용해 청바지를 푸른색으로 염색하는데, 그 과정에 들어 있는 복잡한 화학반응으로 인한 색소분자의 활동 덕에 우리가 입는 청바지가 탄생했다"는 거다.

내가 평생 입은 청바지가 한 스무 벌은 되는 것 같다. 대학 때까지만 해도 아주 진한 색만 입었는데 이대 앞에서 산 좀 밝은색 청바지는 다 해져서 무르팍과 바짓단이 너덜너덜할 때까지 입었다. 그때는 색을 빼는 워싱이나 헌 옷처럼 만드는 샌딩이라는 말이 없었다. 그런 말이 청바지에 적용되지 않을 때였던 것 같다.

청바지의 채도가 좀 높은 그런 푸른색을 좋아했지만, 그 푸른색이 환상적일 때도 있고 그렇지 않을 때도 있는 이유를 알지 못했다. 푸른색이라는 단일 개념으로 모든 푸른색을 파악하던 시절에 나는 가끔 편하게 맞는 청바지를 사놓고 가지고만 있었던 이유에 대해 생각해 본 적이 없었다. 그냥 이제 청바지를 입을 나이가 지나서 젊은 느낌이 마뜩하지 않아 그런 줄 알았다. 그 시절에 나는 서른이면 이미 젊지 않다는 생각을 했던 건 아니었는지. 색상이나 천의 느낌이 샌딩이나 워싱 같은 피니시로 인해 달라질 수 있다는 개념이 내게 존재하지 않았을 때의 이야기이다.

블루진이라는 이름으로 불리는 청바지의 색상은 크게 나누어도 몇 가지가 된다. 우리가 푸른색이라 부르는 많이 진하지 않은 청색(블루)과 옅은 청색, 감(紺)색(네이비), 퍼플이 섞인 남(藍)색(인디고)으로 나눌 수 있다. 그중에 옅은 청색은 원래의 색을 가공한 후에 색을 뺀 건데 그 물 빠진 청색의 바지는 부드러운 사람에게 어울린다. 청바지가 잘 어울리기 위해서는 체형도 염두에 두어야겠지만 입는 사람의 퍼스널 컬러가 관건이다. 청바지는 그 자체로 개성이 강해서 얼굴 바로 아래가 아닌 얼굴에서 좀 떨어진, 상의 아래 입는 옷이긴 하지만 입는 사람에 대해 많은 것을 드러내기 때문이다.

청바지가 지금처럼 많은 사람이 입는 보편적인 캐주얼이 되기 전에도 캠퍼스에서 청바지를 입은 멋진 사람을 만날 수 있었던 건 그 멋쟁이가 고른 청바지의 색감이 우연히 그의 퍼스널 컬러와 잘 맞아떨어졌기 때문이었을 것이다. 짙은 색 청바지를 입은 그 또는 그녀가 환상적이었다면 그 또는 그녀의 자연색이 청바지의 색상과 잘 맞았을 거라는 말이다. 청바지를 입은 모습이 어색하고 불편해 보였다면 청바지가 그의 자연색과 맞지 않아서 입은 사람의 개성을 드러낼 수 없어서였을 것이다. 또는 그의 개성이나 라이프 스타일과 상충하는 색이어서 불편해 보였을 수도 있고.

사람의 자연색은 인격과 상관없다. 인상이 강한(clear) 사람에게는 흐린 색상이 어울리지 않는다. 다른 옷의 항목과 달리 존재감이 큰 청바지의 경우는 더구나 선명한 색상이 아니면 그가 가진 본래의 맑고 선명한 인상을 살리지 못한다. 반대로 부드러운(soft) 사람에게는 너무 짙은 색상이 어울리지 않는다. 부드러운 사람에게는 채도가 낮은 파스텔(흐리거나 탁한) 느낌의 색상이 어울린다. 그에게는 인위적으로 염색을 흐리게 만들거나 심지어 여기저기 찢어서 헌옷 같은 느낌을 낸 청바지도 멋지게 어울린다.

인상의 메인 캐릭터(characteristic)가 따뜻하고(warm) 강한(clear)

느낌이라면 인디고블루가 멋지다. 머리카락도 눈동자도 검은 사람(cool, clear)이라면 짙은 청색이거나 블루에 퍼플 느낌이 나도 청색이 더 진하거나 퍼플을 뺀 네이비블루가 더 그를 그답게 한다.

「색채에세이」 연재를 하고 나서는 내 글은 무슨 이야기로 시작하건 쓰다 보면 색으로 돌아간다. 어쩌면 내가 영어보다 더 오래 공을 들인 게 색인지도 모른다는 생각이 들기도 한다. 감각형인 내게 더 맞는 건 '말'이 아닌 눈에 보이는 '색'인지도.

그러고 보니 엄마가 해준 옷이 대부분 찬 색들이었다. 대학 2학년 때인가 분홍색 투피스를 사주셨는데 그 옷을 입은 날 마주친 국문과 김백희가 "야, 아름답다"고 했다. 지금 생각하면 그 '쿨 핑크'는 내 얼굴을 푸르게 만들었을 것이다. 놀란 친구가 한 말은 '너 이상해'였을 것이고. 어머니가 서울에 오셔서 해주신 진달래(azalea)색 코트는 영자신문사 박익서 편집장과 같이 산업단지 '대학생 견학인지 시찰'인지 갈 때 검정으로 염색해서 입었다. 원래의 그 푸른색 베이스의 짙은 핑크색이 어울리지 않는다는 걸 알았던 거다. 내가 그때를 기억하는 건 어머니가 그 옷을 쌀쌀해지기 시작한 가을 날씨에 어딜 간다고 하니 따뜻하게 입고 가라고 사주셨기 때문인 것 같다. 집에 갈 때는 염색한 걸 어머니한테 들키지 않으려고 그 옷을 가져가지 않았다.

동생 박데레사는 어머니를 닮아 살빛도 희고 눈도 부드러워서 찬 색들이 참 잘 어울린다. 옅은 푸른색과 분홍색은 특히 예쁘다. 막내는 어머니처럼 살빛이 희지만, 눈빛은 아버지를 닮아 강하다. 둘 다 자신들에게 어울리는 색을 참 잘 안다. 스타일도 그런 것 같다. '디자인은 진화하지만 스타일은 영원하다'고 한, 옷 입는 법(how to dress)을 배울 때 처음 들었던 말이 생각난다. 사람의 체형이 적어도 백 년 안에는 드라마틱한 변화가 있을 수 없다는 뜻일 것이다. 체형에 맞는 스타일의 옷을 입는 것도 얼굴색에 맞는 색을 선택하는 일만큼 중요하다.

'청바지가 잘 어울리는 여자'라는 노래가 그때만 해도 참 신선하게 느껴졌었다. 그 잘 어울리는 느낌은 그녀가 자신의 색과 체형에 잘 어울리는 청바지를 입어서였을 것이다. 노영심에게 어울리는 청바지는 아마도 워싱 처리가 된 옅은 청색으로 라인이 부드러운 스타일이었을 것이다.

내 친구들은 다 옷을 잘 입는다. 내가 삼십 년 이상 검열(?)한 덕에 차려입고 식사 자리에 둘러앉으면 다들 참 멋지다. 그 편안하고 아름다운 분위기를 잊은 지 오래다. 우리가 가장 먼 여행을 떠나기 전 언제, 다시 만나서 환성을 지를 수 있을까? 우리가 처음 모임을 시작했던 40대 후반처럼 그렇게.

2021년 1월

바보야,
문제는 신발이 아니야

신발이 많다. 많아도 늘 신는 건 한두 켤레인데 신발장에 신발이 많다. 오래전부터 어디서건 발이 편해 보이는 신발이 눈에 띄는 대로 사 나르다 보니 현관 신장이 온통 내 신발로 가득하다. 그런데 최근에 안쪽으로 부어오른 발목을 편하게 해주느라 소파에 앉아서 스툴에 다리를 올려놓고 있다가 문득 내 다리가 원래 이렇게 휘었나 하고 놀라 방으로 들어가 전면거울 앞에 서서 종아리를 자세히 들여다보았다. 언제부터 이런 모양이 되었는지 내 다리인데 낯설었다. 무릎부터 발목까지가 휘어서 양다리가 C자를 마주 길게 늘여 놓은 것 같았다.

스테로이드를 쓴 지 이십여 년이 되다 보니 선생님도 나도 몰랐던 부작용들이 속속 보고되고 있는 것 같다.

얼마 전 진료 때 검사에서 염증이 안 나온다는 검사결과를 화면으로 보았다. 선생님은 오래 스테로이드를 먹는 환자가 갑자기 고관절이 부러졌다며 스테로이드를 끊는 게 맞는 것 같다고 했다. 나는 안 먹으면 힘들어서 젊은 사람도 아니고 암수술도 했으니 사는 동안 좀 덜 힘들게, 그냥 원래대로 처방해 주시면 몸 상태 봐가며 조금씩 줄이거나 늘리겠다고 했다. 아마 선생님도 이제야 보고되고 있는 부작용들을 염려하시는 것 같았다. 몇십 년 더 살 것도 아니긴 하지만 그렇다 하더라도 발목 안쪽이 많이 부어있고 종아리 촛대뼈(정강이뼈)가 발목 가까이서 휜 것 같아 걱정이 되긴 한다.

원래 붙어 있었던 것 같은 양쪽 종아리가 좀 떨어져 있어서 이러다 걸을 수 없게 되는 건 아닌지 슬슬 무서워지기 시작한다. 딸이 스테로이드 부작용을 찾던 중에 내가 병원에서 처방받는 파스도 부작용이 있다고 좀 무섭게 경고했지만 부어오른 발목과 휘어서 내려오다 발목에서 만나는 종아리 모양에 놀란 나는 병원에서 처방해준 염증 파스를 부어오른 발목에 잔뜩 붙이고 자리에 들었다. 얼마 전부터 밤에 자려고 불을 끄면 눈을 감을 때 빛이 번쩍이는 현상이 생겼다. 일 년 가까이 『수필문학』에 「색채에세이」 연재를 하는 동안 자료를 찾느라 책을 좀 많이 읽어서 친구들보다 빨리 온 눈의 노화현상일 거라 생각했는데 파스 부작용에 그것도 나온다니

이래저래 겁먹을 일이 많다.

오래전 폐경기 증상이었을 수도 있는 관절 문제이면 에스트로겐 처방이 맞지 않나 하는 생각으로 처음 내게 류머티즘이라 진단을 내리고 스테로이드와 면역억제제를 처방했던 의사에게 혈액검사에서 류머티즘 염증이 나왔는지 물었었다. 그분은 내게 염증이 나왔는지 안 나왔는지를 알려주지 않고, 병은 검사로 판단하는 게 아니고 의사가 판단하는 거라며 화를 냈었다. 나는 지금도 염증반응이 없었다면 그때의 내 관절 문제가 갱년기 현상인 에스트로겐 문제였을 수도 있지 않았을까 하는 생각을 할 때가 있다.

그분은 얼마 후 다른 지원으로 옮긴다고 하면서 그 병원으로 진료를 받으러 오겠냐고 물었다. 나는 집이 병원 바로 옆이라 그냥 새로 오시는 선생님께 진료를 받겠다고 하면서 미안하지 않았다. 그 후에 오신 선생님은 얼마 후, 약을 자꾸 잊어버린다는 내게 그런데도 관절 상태가 괜찮으면 약을 줄여보자고 했고 그렇게 조금씩 줄이다 약을 끊었다. 약을 먹지 않고 5년 정도를 지내다 몸 상태가 안 좋아져서 다시 약을 먹고 있지만, 손가락이 계속 부어 있고 무릎도 발목도 시원찮아서 약을 끊고 사는 건 불가능한 일인 것 같다는 생각을 한다. 내 희망사항은 약을 조금 먹더라도 웬만큼 견디는 것이다. 부작용도 걱정되지만 내 남은 삶의 질도 중요해서다.

편할 것 같은 신발을 사도 시간이 지나 발모양이 달라지면 불편했던 건데 그게 신발 때문인 줄 알고 신발을 계속 샀다. 지금은 외출하는 일이 병원 진료나 검사가 전부이지만 운동화를 신고 다녀서인지 발 통증이 좀 덜하다. 부었던 발이 부기가 좀 빠진 날은 '발이 편하려면 큰 신을 신고 마음이 편하려면 두 여자를 거느리지 말라'는 할머니 말씀이 생각나서 꼭 맞는 신발이 그 정도 스트레스구나 한다. 두 사이즈 크게 신는 운동화가 부기가 좀 빠져서 자꾸 벗겨질 때는 다른 불편함으로 걷기가 나쁘지만 통증에 비하면 그 불편함은 사실 아무것도 아니긴 하다. 원래 웬만큼 맞던 신발도 그동안 변형이 된 발모양 때문에 사이즈와 상관없이 여기저기가 닿아서 발이 아플 때가 있다. 신발 때문인 줄 알고 편해 보이는 신발을 사들이다 보니, 더러는 발이 편하다는 변명이 핑계가 되는 비싼 신발 두어 켤레까지 신발이 가득 들어 있는 현관 신발장이 좀 그렇다. 신발이 웬만큼 맞는 날은 외출이 아무렇지도 않지만, 발이 많이 부어서 잘 맞던 신발을 신어도 아파서 절뚝거리는 날은 사는 게 영 행복하지 않다. 그런 날은 애먼 남편이 벼락을 맞는다. "나 건드리지 말라고!!"

그동안 손이나 발, 무릎 등 관절 통증 때문에 힘들었지만 많은 걸 챙겨주는 가족들 덕분에 잘 견뎌왔는데, 오늘은 휜 다리와 맞닥뜨려서인지 속상해서 종일 짜증을 내다보니 기운이 빠진다. 진료 전에 해둔 검사에서 염증이 안 나왔다는 차트를 확인했지만, 스테로이드를 끊어보려고 격일로 먹을 때 금세 손가락이 부어올랐던 생각을 하면 내가 약을 끊는 동안을 견딜 수 있을지 자신이 없다. 아픈 데만 집중할 수 있어야 하는데, 산책도 할 수 없게 만든 초대하지 않은 손님 때문에 마음이 힘들어서 양 사방에 대고 짜증이 만발이다.

물속에 빠졌을 때 제 머리카락인지 수염인지라도 올라오는 뮌히하우젠 남작의 수염 신공이라도 펼쳐야겠는데 이번 물은 좀 깊다. 종아리가 휘어지긴 했지만 이전에 손가락 변형들이 마치 아무 일도 없던 것처럼 다시 멀쩡해진 적도 있었으니 그렇게 다시 조금은 정상 비슷하게 돌아올 수 있었으면 좋겠다.

더 어려운 시절에도 나를 견디게 해준 기도였으니 기도가 수염보다 늘 위에 있는 게 맞다. 언젠가는 과학이 모든 질병의 발현 가능성을 미리 알아서 안젤리나 졸리 같은 대단한 부자가 아닌 보통 사람들도 질병의 발현을 아예 차단할 수 있는 그런 날이 오기를 소망해 본다.

2021년 5월

세상에서 가장 소중한 소금 한 알

배가 불러오면서 몇 번씩 '첫아이는 친정에서 친정어머니가 받아야 하는데' 하시는 어머님 눈치가 보여 어머니가 안 계신 친정에 갔다. 배가 많이 부른 다음에 학교 어학 실험실 조교를 그만두고 다리가 너무 부어서 집안일을 하는 것도 힘들어서 아버지께 내려가겠다고 전화를 드렸었다. 부산 친정에 가서는 원래 어머니와 살던 집에 가 있었다. 그때 우리 집에 살고 있던 막내 고모가 어머니가 돌아가시기 전에 세를 주고 있던 집으로 옮기면서 내 동갑인 고모 딸이 나와 같이 있게 해주었다. 거의 매일 아버지를 따라 나를 보러오던 막냇동생 신영이가 방학한 다음에는 아예 책가방을 챙겨 들고 어머니 집으로 옮겨왔다.

예정일이 가까워지자 아버지께서 병원 가까운 수정동 집으로 와 있는 게 좋겠다고 하셔서 좌천동 일신 산부인과가 가까운 아버지한테로 다시 옮겨가서 출산을 기다렸다. 어머니 집에서 익숙한 동네를 산책하고 고모네서 챙겨주는 식사를 하면서 지냈으면 좋았을 텐데 수정동 집으로 옮긴 다음에는 한 달 넘게 운동은 안 하고 계속 자면서 챙겨주는 대로 잘 먹어서였는지 산통이 길어 열두 시간 넘게 고생하고 힘들게 딸을 낳았다. 고생할 걸 다 한 다음에 결국은 몸에 칼을 댔다. 친정 식구들 정성이 아기를 좀 키웠던 모양이었다. 아기가 3.37kg이었지만 내가 몸이 약해 힘들었던 것 같았다. 새벽부터 아이가 태어날 때까지 친정 식구들이 병원 입구에 있는 대기실에서 열 시간 넘게 기다린 줄은 몰랐다.

아기 얼굴을 보고 나서 두 시간 가까이 정신을 잃어서 병실에 올라갈 때까지의 기억이 없다. 병실에서 정신이 들었을 때 아기를 씻기고 옷도 입혔다며 신생아실 간호사가 하얀 포대기에 싼 아기를 바구니째 들고 와서 두 번째로 보여주었다. 목욕해서 예뻐졌다고 하며 신생아실로 데려가더니 한 시간쯤 후에 사람 살리라고 우는 아기를 다시 데려왔다. 아기가 울음을 그치지 않아서 다른 아기들을 다 깨운다고 했다.

열이 나서 계속 우는 아기를 어떻게 해줘야 할지 몰라 쩔쩔매다가 조그만 얼굴을 가슴에 대고 토닥였더니 울음을 그쳤다. 잠든 아기가 열이 나서 조그만 몸이 불덩인데 아기를 안고 있는 내게 옆 침대 환자 보호자가 아기가 예민해서 익숙한 엄마 심장 소리를 듣고서야 잠든 거라며 자고 나면 열이 좀 내릴 거라고 했다. 앉아 있기 힘드니 누워서 아기 얼굴을 가슴에 가까이 대주라고 했지만 나는 아기를 내려놓으면 깰 것 같아서 계속 안고 있었다.

그렇게 우유도 먹지 않고 아기 바구니도 거부한 내 아기는 첫 밤을 엄마 품에서 새벽까지 깨지 않고 잤다. 새벽에 간호사가 들어와서 열이 조금 내렸다고 말해주었다. 그때 가까이서 교회 새벽종이 울리기 시작했다. 일요일이었다. 열이 내렸다고 했는데도 여전히 뜨거운 동그란 얼굴을 내려다보며 '감사합니다' 하는데 눈물 한 방울이 아기 얼굴에 떨어졌다. 아기는 엄마 눈물이 뺨에 떨어졌는데도 깨지 않았다. 뜨거운 뺨에 떨어진 엄마 눈물방울이 금세 하얀 소금으로 변했다. 나는 울지도 않는 아기를 가슴에 안고 울었다. 밤차로 새벽에 도착한 남편이 들어와서 우리를 안으며 "고생했어요, 잘 키웁시다" 해서 엉엉 울었다. 아빠 목소리에 잠이 깬 아기까지 셋이 같이 울었다.

새벽같이 아기 조카에게 주려고 손에 쥐는 딸랑이 두 개를 들고 온 막내 신영이가 아빠 엄마가 새벽에 큰언니 들어가는 거 보고 아기 낳을 때까지 병원 보호자 대기실에서 기다리고 있었다며 다섯 시에 간호사가 아기 안고 나와서 보여줄 때까지 식사도 못하고 있었다고 했다. 딸랑이를 아기 손목에도 대보고 발목에도 대보던 동생이 제 형부 한 번 쳐다보고 나서 "아기가 입술은 형부 안 닮았네" 하더니 "발이 형부 발 작게 만든 거 같아" 했다.

아이를 낳고 삼칠일 되던 날, 학교가 끝나고 아기를 보러 부산까지 다니는 아들이 힘들어 보이셨는지 남편에게 아기를 데리고 오라고 하셔서 산후가 아직 회복되지 않은 몸으로 집으로 왔었다. 그리고 아이 백일 전에 몸이 많이 안 좋아 다시 친정에 갔다.

오늘 9월 9일 딸아이 생일이다. 딸아이가 태어나 열두 시간이 되던 다음 날 새벽 다섯 시, 엄마가 흘린 눈물 한 방울로 빰에 만든 소금 동그라미가 생각난다. 참 오랜만에 동그란 얼굴 위 하얀 눈물 소금 한 알이 나를 찾아와 웃는다. 엄마에게 소금으로 와준 딸이 이제 세상의 소금이 되기를 소망한다.

2019년 9월 9일

세 번째 토끼

비몽사몽간에 토끼를 본 것 같았다. 하얀 토끼 한 마리였다. 며칠 앓다가 어젯밤에는 일찍 잠이 들어서 아직 하루가 끝나지 않은 밤 열한 시에 땀에 흠뻑 젖어 잠에서 깼다. 오래전에 본 토끼를 다시 볼 정도로 내가 많이 아픈 건가 하다 어쩌면 내가 인식하는 통증 지수가 날이 갈수록 높아지나 보다 하며 다시 자려는데 젖은 옷이 불편했다.

어릴 때 약사가 실수로 턱없이 과하게 준 구충제를 먹고 죽을 뻔했던 적이 있었다. 동생이 태어난 후여서 사랑에서 할아버지한테 안겨 미음을 받아먹었다. 아버지가 퇴근하기 전까지 할아버지 등에 업혀서 복통을 달래던 기억이 난다. 낮에 할아버지 등에 업혀서 끙끙 앓고 있을 때, 벽에도 천장에도 하얀 토끼들이 뛰어다니고 있어서 “할아버지, 토끼~”

하면서 정신을 놓곤 했는데, 아픈 내내 사랑에 토끼가 이리저리 날아다녔다. 토하고 기절하고를 계속하다가 엄마에게 업혀 병원에 갔지만, 물을 많이 마시게 하라는 말만 들었던 것 같다. 어른들이 업어주면 잠이 들었지만, 꿈속에서도 깨어 있을 때도 방안엔 토끼들이 벽을 타고 있었다. 내가 토끼타령을 하고 있을 때 서른 살 아버지가 나를 안고 울었다.

친정에 가서 아이를 낳고 삼칠일 만에 집으로 와서 바로 집안일에 식사 준비를 하고 마당보다 한참 깊은 한옥 부엌에서 무거운 밥상을 들고 안방까지 오르락내리락 나르다 수술자리가 다 터져 성 바울로 병원에서 다시 봉합하는 수술을 받았다. 입에 댄 마스크로 마취가 되지 않은 상태로 터져 버린 수술 자리를 다시 깁는데 배가 찢어지는 것 같은 통증을 견디느라 이를 갈았다. 의사는 진통제를 처방하고 마취 깰 때까지 쉬었다 갈 수 있게 하라고 했다. 아예 마취가 되지도 않은 채, 먼저 꿰맸던 살을 잘라내고 다시 꿰매는 처치를 받은 건데 의사는 마취에서 덜 깬 줄 알고 딱한 환자를 배려하고 있었다. 너무 아파서 간호사에게 진통제를 먹고 가겠다고 말해서 진통제를 먹고 병원을 나섰다. 이 세상에 나를 배려하는 사람은 그 의사뿐인 것 같았다. 배를 안고 병원 앞에서 택시를 탔다. 길을 건널 수 없어 집 반대 방향으로 가는 택시를 타고 기사에게 울면서 청량리에서 좌회전해서 가 달라

하고 정신을 잃었다.

아이가 백일이 되었을 때 몸이 너무 힘들어 다시 친정에 갔다. 아버지한테 가서 며칠을 앓았는데 그때 다시 토끼가 돌아다녔다. 토끼가 벽을 타고 다닌다 했더니 호랑이 아버지가 돌아서서 어깨를 들먹이셨다. 앓고 나서 정신이 들었을 때 겨울비 습기에 기저귀가 잘 마르지 않았는지 아버지가 빵 만드는 오븐에 아이 기저귀를 한 개씩 넣어 굽고 있었다.

오랜 세월 미워하고 원망했던 아버지를 떠올린 게 하필 내가 딱 두 번 본 아버지 우는 모습이라니 마음이 안 좋다. 꿈을 꾼 건지, 너무 힘들어서 그 멀리서 또 토끼가 돌아온 건지. 그 많은 토끼는 다 어디 가고 한 마리만 보였다. 성당에 나갈 수 없는 상황이라 부활절에 가족들 별세미사를 넣을 수 있는지 성당 사무실에 전화라도 해봐야겠다.

2021년 3월

코끼리는 꿈을 꾼다

정초에 코끼리 꿈을 꾸었다. 키 큰 풀들이 바람에 일렁이고 있는 언덕 위 높은 곳에 서 있었는데, 가파른 언덕 아래 강(해리포터에 나오는 언덕 아래 배도 들어오던 그 강) 쪽에서 어마어마하게 큰 동물들이 빠른 속도로 나를 향해 달려오고 있었다. 꿈속에서 나는 '이런 장면을 두고 장관이라 하나' 하면서 그 큰 동물들의 무리를 맘모스(매머드)라 생각했다. 그 회색 코끼리들의 다리는 커다란 사각기둥들 같았고 무리에 섞여서 달려 올라오는 또 다른 비현실적인 동물들도 모두 크고 튼실했다. 달려 올라오는 속도와 땅을 울리는 발자국 소리에 정신이 아득할 지경이었지만 무섭지는 않았다.

복학하던 해 여름 학기가 끝날 때쯤, 시아버지가 안 계신 집으로 보내는 게 그렇다며 아버지께서 결혼 승낙을 하지 않고 있을 때였다. 꼭 그래서는 아니었지만, 그때 남자친구와 나는 한 달 정도 만나지 않고 있었다. 그때쯤 어느 날, 같은과 친구와 대한극장 옆에 있는 레스토랑 '인디안'에서 저녁을 먹기로 했던 날이었는데 친구와의 약속 시간보다 좀 일찍, 근 한 달째 냉전 비슷한 약간의 갈등을 겪고 있던 남자친구가 기숙사 앞이라며 전화를 했다.

그날 나는 어머니가 돌아가시기 전에 사주신 작은 은색 코끼리 몇 마리가 수놓아진 올리브 그린색 시폰 블라우스와 은회색 스커트를 입고 있었다. 친구와의 약속 시간을 기다리지 않고 기숙사를 나갔던 내 행동에 대해 기숙사 친구들이 뭐라 했지만, 나는 오랜 시간이 지난 후에야 그 일을 후회했다. 친구에게 많이 미안했어야 했는데 그때 친구에게 미안하다는 말을 못했다.

명동 한복판 길가 자투리땅에 이층을 올린, 그 당시에는 꽤 유명했던 레스토랑에서 그 당시 한참 날리던 드라마 작가의 남편인 대학 선배를 인세인지 원고료인지 때문에 만나러 간다던 남자친구는 내 블라우스를 보면서 동물 중에 코끼리만 꿈을 꾼다고 말했다.

결혼하고 나서 얼마 되지 않아 어머님이 내 옷들을 사촌 시누이들에게 주라고 했을 때, 나는 옷을 다 내주면서 작은 코끼리를 은색으로 수놓은 그 블라우스는 남겨두었다. 수십 년이 지난 지금은 여름이면 내가 가까스로(?) 지킨 은색 코끼리 블라우스를 딸이 한번은 입어준다. 친구들은 옷 이야기만 나오면 '꿈을 꾸는 코끼리'를 평생 우려먹는 내게, 대학을 갓 졸업한 이십 대인 며느리에게 '너는 이제 중년 부인'이니 더는 그런 옷들을 입을 일이 없다 하시며 다 내다 놓으라는 시어머니보다 돌아가신 어머니가 사준 좋은 옷들을 곧이곧대로 다 내준 내가 그 당시 더 심각한 상태였던 것 같다고 한다.

그 좋은 옷들을 다 내주면서 '유일하게'(그때의 내 '코끼리 지키기 프로젝트'에 대한 표현치고는 적절하거나 정확한 표현 같지 않음) 지켜낸 작은 은색 코끼리 몇 마리를 평생 가슴에 품고 살아서인지 정월 초하룻날 밤에 코끼리 꿈을 꾸고는 마음이 자꾸 멀리 돌아간다.

내 은색 코끼리는 그때 어떤 꿈을 꾸었을까? 그때의 나는 어떤 꿈을 꾸었을까?

2021년 1월

치자꽃 당신

십 년 전쯤, 여고 동창들 모임이 있는 경기도 어디가 너무 멀어서 내비게이션을 보면서도 길을 잘 못 찾는다고 길치 타령을 하는 내게 친구가 현대백화점 지상 주차장에서 만나 자기 차로 가자고 했다. 조금 일찍 도착했더니 차는 있는데 친구가 보이지 않아서 잠시 기다렸다. 주차장 바로 옆 백화점 뒷문 안에 친구가 있는 것 같아서 매장으로 들어갔더니 친구가 일층 향수 매장에서 치자(Gardenia) 향수를 찾았는지 직원이 '가더니아'는 아예 수입을 안 한다고 말하고 있었다. 친구는 향수 대신 직원이 권하는 치자향이 나는 향초를 사서 조그만 보라색 쇼핑백에 담아 들고 나왔다. 열매 몇 개가 달려 있는 치자나무 사진을 보내면서 치자 향수를 파는 데가 없더라고 한 내 말을 기억하고 있었던 것 같았다.

거실 앞 발코니에 며칠 전부터 길어진 봉오리가 하얀 꽃으로 터지기 시작한 치자꽃이 열 개가 넘었다. 향이 좋아서 밤에 발코니 쪽 문 한 짝을 접어두고 잤더니 거실에 치자향이 가득했다. 꽃망울이 보이기 시작해서 서너 달을 기다림으로 설레게 하지만 기다리는 시간에 비하면 꽃이 너무 빨리 진다.

치자 꽃봉오리가 열리면서 향이 퍼지기 시작하면 적어도 한 주일은 꽃 향이 집 안까지 들어와 존재감을 드러낸다. 먼저 핀 꽃들이 노랗게 색이 변할 때쯤 조금 늦게 피는 작은 꽃송이 몇 개는 덤이다. 꽃이 한창일 때 내가 말하지 않으면 아빠처럼 꽃이 피는지 꽃이 지는지 모르는 늘 바쁜 딸이 가끔은 "치자꽃 필 땐가 봐요. 향이 참 좋아요" 해주기도 한다. 그것도 '덤'으로 몇 송이가 필 때나 되어서.

봄이 오고 나서야 활짝 필 꽃봉오리와 함께 만개를 기다리며, 나는 불을 켜지 않아도 향이 은은하게 퍼진다고 하던 향수 매장 언니의 조언대로 자기 전에 거실 내 책상 위에 놓인 향초 컵의 뚜껑을 열어두곤 했다. 하얀 치자 꽃이 활짝 피어 있는 며칠은 치자 향 향초 컵의 뚜껑을 닫아 둔다고 해도 친구가 서운해할 것 같지 않다.

빌리 홀리데이가 노래하는 사진을 보면 언제나 머리에 흰 꽃을 꽂고 있다. 항상 머리에 치자꽃을 꽂고 무대에 올라간다는 그녀가 아무 때나 치자 꽃을 구할 수 있었는지 궁금하지만 지난번 수필집에서 '치자꽃' 꼭지를 뺀 이유가 그녀가 울면서 불렀다는 *Strange Fruit*을 번역하다 마음이 너무 힘들어서였는데 그 생각을 하면 다시 또 그 힘든 인생을 들여다보는 일이 엄두가 나지 않는다. 나이 때문인지 요즘은 마음이 힘들면 몸이 같이 힘들어서다.

크리스마스 전에 꽃망울이 보이기 시작해서 4월에나 꽃이 피는 꽃 치자는 흰 꽃잎이 몇 겹으로 피어서 장미만큼이나 예쁘다. 가끔은 노란색으로 변한 꽃이 떨어져도 혹시 꽃이 진 자리에 꽃받침 아래로 치자 열매가 자랄까 해서 꽃받침을 그대로 둔다.

어머니가 주황색 열매를 실에 꿰어 마루 기둥에 매달아 놓고 고구마튀김, 생선튀김을 하실 때 치자 물을 우려서 노란 튀김옷을 만드시던 생각이 난다. 나는 어머니가 입으시던 치자 물들인 옅은 황색 모시 한복을 참 좋아했다.

어느 여름, 치자 물들인 모시옷 곱게 차려입고 어린 나를 데리고 항만사령부 앞 다방에 아버지를 만나러 가시던 어머니 기억이 아프다. 영주동 큰길가 이층집에 살던 기생 작은엄마는 어머니를 방 안에 모셔놓고 한복 차려입고 큰절을 했다. 그 후, 한동안 어머니는 나를 데리고 '회사' 앞 다방으로 아버지를 만나러 갔다. 늘 집에 작은엄마가 있어서 그때까지는 아버지가 밖에 살림을 차리진 않았던 것 같다.

오늘 어머니의 치자색 한복 생각을 하다 난데없이 그동안 까맣게 잊고 있던 기생 작은엄마 성이 권 씨였던 기억이 났다. 작은엄마는 아버지 말대로 어린 내 눈에도 흰 피부와 큰 눈이 어머니와 많이 닮은 것 같았다. 어머니를 따라가서 그녀를 처음 만나던 날, 아버지는 어머니에게 마치 대단한 배려라도 한 것처럼 '당신하고 눈매가 닮지 않았냐'고 물었다. 어머니가 무슨 말을 했는지는 생각나지 않는다. 그 후에 어머니와 나는 그 영주동 이층집에 다시 가지 않았다. 그래서 몇 번 아버지를 만나러 간 항만사령부 근처 다방의 밀크티를 기억한다.

새 꽃이 피고 나서야 딴 치자 열매 한 알을 손바닥에 놓고 어머니 생각을 한다. 치자꽃 향수 '가더니아(GARDENIA)'를 몇 해 전 여름 방학에 잠시 귀국한 조카 영은이가 새엄마랑 그리스 여행을 다녀오는 길에 터키 공항에서 찾았다며 사 왔다.

2021년 4월

아모르파티

아침 미사 시간에 성당에 가지는 못하고 책상 앞에 앉아서 '지금쯤 신부님이 박 프란체스카를 한번 불러주시겠지' 하고 있는데 딸이 눈치챘는지 "오늘 우리 꼬마이모 사고 친 날이네" 한다. "응, 낼모레는 우리 엄마 사고 친 날~" 하는데 눈 속에 있던 눈물이 툭 떨어졌다. 시간이 오래 지났는데도 나는 계속 같은 질문을 하고 있다. 그렇게밖에 할 수 없었던 건지, 왜 하필 가장 나쁜 선택이었는지. 그 사건의 가장 큰 피해자가 여덟 살 막내인 자기가 아니라 엄마 자신이라던 그 아이는 바로 그 가장 큰 피해자가 되는 길을 선택할 수밖에 없었던 건지.

정신이 멀쩡한데 숨이 가버리는 스물여섯 번의 공포, 삶과 죽음을 갈피 짓는 갈림길에서 유일한 생명줄인 에피네프린 말고는 그 아이를 살릴 수 있는 다른 의료적인 방법은 없었는지 나는 지금도 그 상황을 잘 가늠하지 못한다. 우리 누구도 그 고통과 무서움이 어떤 무게인지 제대로 알지도 못하면서, 견뎌보자, 어떻게든 살아보자고 했다.

니체의 '영원반복'(eternal recurrence '영원회귀'라는 번역도 있지만 '반복'이란 말이 더 마음에 들어서) 사상을 변주하는 게임 이론의 이야기가 마음에 와닿았다. '게임은 캐릭터가 죽고 나서도 다시 시작할 수 있고, 같은 상황에서도 다른 플레이로 더 나은 게임을 하면 다음 단계로 넘어갈 수 있다.'[30]고 푸는 해석이 위로가 되어서다. 칼 구스타프 융은 꿈에 나오는 모든 인물들이 다 꿈 꾼 이의 일부라고 이야기하는데, 이 몇 번의 게임들이 모두 한 사람의 일부일 수 있을까? 융의 말대로, 우리는 그렇게 조금씩 앞으로 나아가고 있는지도 모르겠다. 이번 생에서 다음 생으로, 그리고 다시 그다음 생으로 우리는 조금씩 성장하며 삶을 다른 방식으로 반복해 나가고 있는 게 아닐까? 나는 그렇게 믿고 싶다.

늘 같은 것이 반복된다는 니체의 '영원반복'보다, 과거로 돌아가서 그 시점에서 '다르게' 다시 시작하는 「어바웃 타임」[31)]

30) https://afool.tistory.com/104 참조.

31) 그러나 「어바웃 타임」에서 과거로 돌아갈 수 있는 주인공은 영화의 마지막에 이르러 시간여행을 더 이상 하지 않기로 결정한다. 최선을 다해 산 매일의 순간들이 어떤 반복보다 아름답다는 것을 깨달았기 때문이다.

이나, 매일 아침 어제와 같은 하루를 반복적으로 시작하면서 주인공이 원하는 대로 어제보다 더 나은 사람으로 변해가는 「사랑의 블랙홀」*Groundhog Day*[32]를 더 좋아한다. 우리 삶을 더 잘 설명하는 듯해서다.

삶의 매 순간을 최선을 다해 살고 있다면, 그런 우리에게는 다음 라운드가 허락되는 게 아닐까? 불꽃같이 살다 간 그 아이 역시 다음 게임에서 더 좋은 플레이를 할 수 있을 것이라 믿는다. 어쩌면 영리한 그 아이는 이번 생은 망했으니 다음 생에서 더 나은 게임을 해볼 심산이었을까? 진정, '게임은 캐릭터가 죽은 다음에도 같은 게임을 다시 시작할 수 있다'는 걸 알았던 걸까?

우리 셋 중 특출나다 했던 그 아이는 더 높은 신분의 신선이 되기 위해 인간계로 와서 걸핏하면 숨이 가버리는, 우리가 상상할 수 없는 고통의 '겁'을 겪고 홀연히 돌아간 거였을까? 넷플릭스에서 수백억 뷰를 기록하고 있다는 「삼생삼세십리도화」를 너무 많이 봤나 보다.

다음 생에서 내가 또다시 같은 상황을 맞닥뜨린다견 아마 이번 생보다는 좋은 선택을 할 수 있지 않을까 나를 위로한다. 다음 생이 이번 생처럼 힘든 상황이어도 나는 그럼에도

---

32) Groundhog Day는 경칩을 뜻하는데, 동시에 변함없이 반복되는 일을 의미하는 말이기도 하다.

불구하고 최선을 다할 게 틀림없기 때문이다. 다음 생에 우리가 다시 만나면 동생에게, 엄마에게 '힘들어도 살면서 매 순간 최선을 다하다 보면 내일은 오늘보다 조금은 더 좋은 날이더라'고 알려줄 수 있을 것 같다. 두 사람보다 내가 오래 살았으니 참고 버티는 신공이 내가 좀 더 나을 것 같아서다.

다음 그리고 또 그다음 생이 있다면 그 생에는 동생과 엄마를 잘 설득할 수 있을 것 같다. 다음 생에 설령 삶이 또다시 우리를 슬프게 하더라도 매 순간 최선을 다하며 우리의 고통[33]에 의미를 부여할 수 있게 되길, 그 고통에 당당히 맞서며 우리의 운명을 사랑할 수 있게 되길.

엄마 더 사랑할게요, 다음 생에 도중하차는 없기예요. 우리의 다음 생을 위해, 아모르파티(Amor Fati 運命愛)!

2021년 4월

33) Victor Frankl(1905-1997)은 절망(despair)을 고통(suffering) -의미(meaning)로 정의한다. 절망이란 우리가 고통에 의미를 부여하지 못하는 상태를 뜻한다는 것이다.

내 어머니의 방

내 마음 한편에는 어머니의 방이 있다. 그 방문을 열면 어머니는 어두운 마당에서 빨래를 하고 계신다. 언젠가 어머니는 시집온 직후 이야기를 들려주셨다. 마당에서 밤에 찬물로 빨래를 하고 있으면, 할머니께서 지나가시다 부엌 불을 꺼버리셨다고 한다. 마지막 불빛이 사라지면 마당은 암흑 같은 어둠에 덮여 아무것도 보이지 않았다고 하셨다. 빨래를 멈추고 하염없이 그 어둠 속에 앉아 있었던 게 왜 나였던 것 같을까? 이렇게 나는 자꾸만 이십 대의 어린 엄마가 된다. 그럴 때면 '이젠 어쩌나, 어떻게 사나' 하는 마음이 밀려든다.

아무것도 보이지 않는 마당에 쪼그리고 앉아 있는 엄마에게 다가가 본다. 그냥 떠나지 그랬어? 다 놓고 그냥 걸어 나가지. 어떻게 살려고? 42킬로그램의 엄마를 뒤에서 안아보지만 잡히지 않는다. 아무것도 전할 수가 없다. 아무것도 바꿀 수가 없다. 엄마는 그 어둠을 앞으로 수십 년간 견뎌야 한다.

"뭐가 무서워?"

어린 엄마가 나를 돌아본다.

"갈 데가 없어."

"엄마, 아무 일도 일어나지 않아. 일단 나가. 살아갈 수 있어."

"네가 있는데 어떡해?"

"날 여기 그냥 두고 걸어 나가. 난 괜찮아. 잘 클 거야."

엄마의 등을 떠밀어보지만 보이지도 않는 어둠 속에서 엄마가 빨래를 다시 시작한다. 그리고는 버티고 서있는 내게 웃으며 말한다.

"이제 달빛 때문에 조금 보여. 할 수 있겠어."

바보.

스물여섯의 어린 엄마가 작은 손으로 빨래를 한다. 엄마가 그럴 때면 나는 그냥 엄마의 방문을 닫아 버린다. 거기서 엄마는 오늘도 계속 그렇게 혼자 달빛으로 빨래를 하고 있다.

어머니의 방을 품고 다니다 보면 가끔 어린 엄마가 날 부르기도 한다. 혼자 있는 게 무서울 때, 사는 게 막막할 때, 기대 울 사람이 없을 때 어린 엄마는 작은 소리로 날 부른다.

"아무 일도 일어나지 않아. 나와. 엄마 인생을 살자. 아무 걱정 하지 마."

그렇게 말하면 또 웃는다. 이번엔 밥에 완두콩으로 하트를 그려놓고 보란다. 정말 대책이 없다.

그리고 깨닫는다. 엄마는 단 한 번도 그 순간들로부터 도망친 적이 없다. 고통을 마주하고 그 속에서 끝내 버텨냈다. 그 모든 고통을 보듬으며 삶을 포기하지 않았다. 오히려 엄마는 삶을 사랑했다. 삶에 대한 사랑, 사람에 대한 사랑, 그 속에서 모든 작은 것들에 환호하며 견뎌냈다.

"엄마, 지금 이 순간에 선택할 수 있는 최선을 찾고, 몸도 마음도 잘 보살피자. 내가 도와줄게요."

어린 엄마가 내 어머니의 방 문턱에 걸터앉아 다리를 장난스럽게 까딱이며 말한다.

"너나 잘해. 난 잘하고 있어."

엄마, 진심으로 사랑합니다.

2021년 9월 15일

영이가 내 무의식의 방 속 어린 엄마께

박경화의 색채에세이
그리고 아모르파티

2021년 12월 5일 초판 인쇄
2021년 12월 10일 초판 발행

지은이 / 박경화
발행인 / 강병욱

발행처 / 도서출판 교음사
편집 / 隨筆文學社 出版部

03147 서울 종로구 삼일대로 457 수운회관 1308호
Tel (02) 737-7081, 739-7879(Fax)
e-mail : gyoeum@daum.net
등록 / 제2007-000052호

* 잘못된 책은 바꿔 드립니다. 값 12,000원

ISBN 978-89-7814-841-2 03810

이 도서는 한국출판문화산업진흥원의
'2021년 출판콘텐츠 창작 지원 사업'의 일환으로
국민체육진흥기금을 지원받아 제작되었습니다.